基于核心问题的中学学科课程开发与实施·高中体育、信息、艺术、心理（二）

总主编 ◎ 米云林

主　编 ◎ 张红琼　宋德洪　易新颖　黄立刚

西南交通大学出版社

·成　都·

图书在版编目（CIP）数据

基于核心问题的中学学科课程开发与实施. 高中体育、信息、艺术. 心理. 二／米云林总主编；张红琼等主编. —成都：西南交通大学出版社，2020.8
 ISBN 978-7-5643-7561-4

Ⅰ. ①基… Ⅱ. ①米… ②张… Ⅲ. ①课程–教学研究–高中 Ⅳ. ①G633

中国版本图书馆 CIP 数据核字（2020）第 155593 号

Jiyu Hexin Wenti de Zhongxue Xueke Kecheng Kaifa yu Shishi·Gaozhong Tiyu, Xinxi, Yishu, Xinli (Er)

基于核心问题的中学学科课程开发与实施·高中体育、信息、艺术、心理（二）

总主编／米云林		责任编辑／罗小红	
主　编／张红琼　宋德洪		助理编辑／吴启威	
易新颖　黄立刚		封面设计／原创动力	

西南交通大学出版社出版发行
（四川省成都市金牛区二环路北一段 111 号西南交通大学创新大厦 21 楼　610031）
发行部电话：028-87600564　　028-87600533
网址：http://www.xnjdcbs.com
印刷：成都勤德印务有限公司

成品尺寸　185 mm × 260 mm
印张　10　字数　247 千
版次　2020 年 8 月第 1 版　　印次　2020 年 8 月第 1 次

书号　ISBN 978-7-5643-7561-4
定价　58.00 元

图书如有印装质量问题　本社负责退换
版权所有　盗版必究　举报电话：028-87600562

《基于核心问题的中学学科课程开发与实施》丛书
编委会

总 主 编：米云林

副总主编：陈明英　熊文俊

编　　委：苏　梅　曾　伟　向　雄　张　谦　冯小辉
　　　　　冯　刚　陈　琳　阙　庶　张　扬　马方林
　　　　　周大立　李开山　向柱文　郑　芸　董蜀章
　　　　　徐小玲　薛蕾蕾　王学龙　胡　隽　牟　霞
　　　　　曾声蓉　崔晓勤　王　娜　谭　妍　宋德洪
　　　　　张红琼　易新颖　黄立刚　任志恒　罗文力
　　　　　苏　娜　钟　姝　陈思竹　袁小琴

序 言

  《基础教育课程改革纲要(2001年)》《国家中长期教育发展纲要(2010—2020年)》《普通高中课程方案(2017年版2020年修订)》等文件一再提出深入推进课程改革,调整和改革基础教育的课程体系,全面落实课程方案,制定满足学生发展需要的学校课程计划,加之四川省即将全面推行新高考改革,探索基于统一高考、高中学业水平考试成绩和参考综合素质评价的多元录取机制,这些都要求学校要有体现人才培养特色的独特育人目标,要有系统、特色的课程群支撑,特色课程群要能推动全体学生的特色发展。川大附中基于需求判断、目标分析开展了十多年的核心问题教学研究,已经在"教学模块的设计及投放实践研究""基于缄默知识的核心问题教学实践研究""核心问题教学中的学生深度体验实践研究""促进学生深度体验的核心问题教学评价实践研究"四个课题的框架下,将学生单纯的接受性学习转变为体验性与接受性相结合的学习,构建与实践检验活动,相应形成核心问题的教学思想、教学活动、教学目标、教学评价等系列研究成果。核心问题教学的课堂中,学生的学习方式逐步转变,教师教学研究和教学实施能力得到提高;各学科必修课程及选择性必修课程以核心问题教学的方式逐步校本化,促进了学校"培养-研究型"大学附中特色文化的发展。

  根据政策背景、历史背景和现实需求,我们基于核心问题进行学校课程开发。本系列丛书是基于核心问题的中学学科课程开发与实施的优秀案例的第二次辑录,涉及高中语文、数学、英语、政治、历史、地理、物理、化学、生物、信息、体育、艺术、心理等13门学科,共计6册,其中政治、历史与地理,物理、化学与生物,心理、信息、艺术与体育分别合编成册。丛书中的每个案例均依据下述学校课题研究成果《核心问题教学交流教案课前设计与课后反思的项目及内容要求》撰写,它们既是学校课题研究成果的原始素材,又是课题研究成果的学科化演绎;既是教师专业成长的阶梯,又是教师专业发展的实证。这些研究成果得到社会的广泛认可,许多案例已经在全国、四川省、成都市各级各类赛课中获奖,在各级各类研究课中获一致好评。

  核心问题教学课前设计与课后反思的项目及内容要求

  核心问题教学是以核心问题激发和推进学生活动,形成学生在活动体验基础上的学习,实现教学的结果性目标与体验性目标获得更高达成度的教学活动规范形式。核心问题是一节课中用于新知识学习之前的、以客观世界为对象且整合了教科书重点内容与拓展内容的、适应学生身心活动且对身心活动有具体要求的、能促进学生体验和深度体验的中心问题或者中心任务。核心问题教学适用于现行各个学科的课堂教学，与现行教科书和考试制度相匹配。它突破了以知识讲授为一堂课教学思维起点的传统，开辟了一条以核心问题的提出和解决活动为起点的教学思路。

规范教案的研究与撰写是教师教学观念与教学技能交互作用的重要平台，是落实学生在深度体验中学习与发展的基本保证。我校借助本校优秀教案的创新性表现，在原《交流教案设计及撰写要求》的基础上，重新修订形成《核心问题教学交流教案课前设计与课后反思的项目及内容要求》，提出新三大方面十二个项目的内容，现分述如下。

1. 教学分析设计

（1）教材分析

从学科角度理清教科书内容的脉络及深浅，如内容的主旨、结构，内容的地位作用、产生背景，内容的课程标准、深广度等。

从教育角度发掘教材中的教育因素，如发掘知识背后所隐含的思想方法、情感态度价值观等。

搜集可利用的相关拓展内容，如联系学生生活和学生问题的、联系自然和社会的、联系生产和科学研究的内容。

阐明本课题应该上几课时，本课为第几课时，初步拟定可以放入核心问题的学科问题。

（2）学生分析

从学习动机、学习兴趣、学习责任感、学习态度等方面进行学习心理分析。

从显性知识基础、缄默知识基础、学科能力基础、历届学生问题等方面进行学习基础分析。

从课堂时间、空间、物质条件并结合上述分析，初步拟定核心问题中的学生活动方式，包括学生的身体活动、思维活动及其交往活动方式。

（3）目标分析

根据课程标准、考试大纲，并且结合教师参考用书和学生分析，设定教学目标。以行为主体、行为动词、行为条件、表现程度等要素表达教学的结果性目标；以学习主体、经历境遇、行为动词、行为对象等要素表达教学的体验性目标。

体验性目标中要特别关注学生对联系或者关联的体验。如体验围绕个人为中心的关联：体验个人与自然、个人与社会、个人与自身的关联；如体验以知识为中心的关联：体验各门学科中和学科间的知识与知识、知识与思想方法、知识与问题、知识与世界的相互关联。

（4）媒体分析

列出现代教学媒体及传统教学媒体选用清单，说明选用意图及内容来源。

（5）核心问题分析

表达核心问题：结合教学目标，将前面拟定的学科问题和学生活动方式搭配为核心问题，以学生为主体明确表达。

阐明设计思想：从价值追求和教学行为相结合的角度，阐明以核心问题的解决活动及解决后的反思活动来促进学生在深度体验中学习，实现教学的结果性目标和体验性目标的总体设想。

2. 教学实施设计

（1）教学环节

以核心问题为教学逻辑起点，运用以下四个教学环节：

提出问题——教师营造情境、出示问题，学生领会问题、进入情境；

解决问题——教师引导定向、适当协助，学生独立操作、交流合作；

反思提升——教师诱导反思、提升讲解，学生反思归纳、理解接受；

运用反馈——教师检验评价、反馈改进，学生尝试运用、修正内化。

各环节中预设的教师活动与学生活动相互搭配、相互呼应，各环节教学时间有合理的分配预设。

（2）评价预设

就课堂中教师对学生活动的、以口语为主的评价进行预设：可从四个教学环节进行课堂评价预设；可从核心问题教学的四个策略进行课堂评价预设；可从促进学生深度体验的核心问题教学文化进行课堂教学评价预设，尤其要针对学生可能出现的亮点或者问题来预设相应评价内容。

就课堂教学后完成的教学评价进行预设：选择自我陈述、行为观察、调查访谈等评价方法，就评价的对象、内容进行预设；选择核心问题教学亚文化，即拓展学习视野、投入实践活动、感受意义关联、自觉反思体验、乐于对话分享、认同体验评价中的一个或者两个进行评价方向预设；选择某个体验性目标的达成进行点检测，设计检测点、检测工具、检测统计、检测分析、结果反馈等内容。

（3）板书设计

正副板书泾渭分明且又相互配合：既呈现知识脉络，又呈现思维路径或活动路径；既呈现教师讲解重点，又呈现学生发言要点。

（4）教学流程

以规范的流程符号表达教学中各要素间的递进关系。

3. 教学评价反馈

（1）信息搜集

请从以下方面搜集整理资料：

——学生体验的自我描述、检测习作、课后反馈等原始资料；

——现场观测记录、课堂实录、检测数据等原始资料；

——教师自我回忆及其他教师反馈的原始资料。

（2）自我评价

基于以下方面进行核心问题教学的自我评价，完成"核心问题教学评价表"：

——"核心问题教学评价表"中的一级、二级、三级指标；

——结合教学目标，特别是体验性目标及其中的关联体验目标，根据学生课堂中的具体表现和搜集整理的资料；

——参照课后其他教师的评议。

（3）反馈调整

基于体验性目标点检测的设计与实施进行统计和分析，完成"体验性目标点检测表"：向自身和学生反馈评价信息、评价结果，预设核心问题教学的调整改善措施，使其更加有利于学生在深度体验中的学习与发展。

由于部分案例是研究前期的成果，因此没有课后教学评价反馈中的"核心问题教学评价表""体验性目标点检测表"；为节约篇幅，教案中删去了流程图、授课班级、授课时间、授课地点等内容。

编　者

2020 年 6 月

前 言

依托我校校本课题研究,在基于缄默知识的核心问题教学模式中,必须具备"四个"不可或缺的教学环节:提出问题、解决问题、归纳反思和提升应用。一堂课在学习新知识前,教师开门见山,以一个核心问题创设情境调动学生自主的活动,先由学生运用已有的显性知识和缄默知识独立地或合作地解决问题,然后师生共同对问题解决的主观过程进行反思,并且表达归纳提升活动中的体验与感悟,进而产生本节课应该学习的新知识和新方法,将学生单纯的接受性学习变为接受性与体验性相结合的学习,使教学的结果性和体验性目标都获得更高的达成度。在校本教研中,还突出了检测性目标,即运用适当的检测手段,对本节课所设定的教学目标,尤其是体验性目标进行适当的检测和目标达成分析。近几年来,我们一直身处浓厚的校本研究文化氛围中,各学科教师通过全程全员地参与校本教研,对如何有效地提高课堂教学有了更深层次的认识,对研究课课堂的形成过程、实施过程、学生的反馈情况进行了不断的反思,对课后专家、同行们的认可及提出的一些宝贵意见,体育与健康组、信息组、艺术组、心理组做了详细的总结和深入的思考。

1. 体育与健康组

高中"体育与健康"是一门以身体练习为主要手段,以体育与健康知识、技能和方法为主要学习内容,以增进高中学生健康为主要目的的必修课程,它具有鲜明的基础性、实践性以及综合性。同时,它也是高中课程体系的重要组成部分,是实施素质教育和培养德、智、体、美全面发展人才不可缺少的重要途径。

2. 信息组

当今世界快速发展,计算机领域自第三次科技革命后异军突起,迅速融入人类社会,并延伸至各行各业。现代信息技术以其强大的生命力渗透到社会生活的每个角落,并成为推动人类社会发展和科学进步的强大动力。因此,在高中阶段开设信息技术课程,并利用核心问题教学模式来激发学生的学习、创新能力是十分必要的。核心问题教学模式的介入，有效地提高了我校学生的信息素养，培养了他们利用信息技术解决问题的能力，最重要的是激发了他们在信息领域创新实践的潜力。

3. 艺术组

艺术鉴赏是培养学生审美能力的重要途径，艺术学科应该采用多种教学形式，引导学生积极参与艺术体验，鼓励学生主动探究并对所欣赏的艺术作品有独立的感受与见解。艺术鉴赏具有最直接、最具体的审美价值教育。艺术教育的过程是学习者对艺术的感受、感悟和艺术对学习者的感染、感化过程。艺术组在学校的教研背景下，结合艺术学科的特点，继续加强自身修养，努力创新教学、创新学习。我们的艺术教育首先要通过丰富、生动的艺术实践活动，继而潜移默化地实现艺术教育陶冶情操、塑造人格、净化心灵的美育作用。在教学中调动学生的学习积极性，使他们主动地参与艺术审美活动，强化学生的视、听觉审美感受。

4. 心理组

中小学心理健康活动课是为"学生健康成长和幸福生活奠定基础"。我校开设的心理健康活动课，内容涉及新生活适应、学会学习、情绪管理、人际关系、自我认识等。我们每一节心理课都按照核心问题教学模式来设计，引导学生积极参与、师生共同解决问题，使学生在解决问题的过程中形成积极的心理品质。

基于以上种种分析，体育与健康组、信息组、艺术组、心理组依托学校课题组，形成了具有我校特色，着眼于培养学生核心素养的"核心问题教学模式"校本课程。

川大附中
体育与健康组、信息组、艺术组、心理组
2020 年 6 月

目 录

 **体育与健康组**

篮球——行进间单手上篮　　体育与健康组　周　智 | 002

排球——正面双手垫球　　体育与健康组　冯　刚 | 009

毽球——脚内侧踢球　　体育与健康组　张红琼 | 015

太极拳——攻防含义　　体育与健康组　郭　彪 | 022

定向运动　　体育与健康组　罗钥瑶 | 028

体能——上肢及腰腹力量练习　　体育与健康组　廖　阳 | 033

川大附中学生体质健康状况研究　　体育与健康组　宋燕妮 | 039

 信息组

设计的表达与交流——三视图的绘制　　信息组　唐　凌 | 048

用智能工具处理信息　　信息组　苏　梅 | 055

插入排序　　信息组　刘体斌 | 063

冒泡排序　　信息组　宋德洪 | 073

设计的表达与交流　　信息组　金　钊 | 080

Word中文字与段落操作技能　　信息组　周大立 | 088

计算机病毒　　信息组　杨　洋 | 094

 艺术组

音乐的形式要素　　艺术组　易新颖丨102
艺术歌曲的成熟——舒伯特的歌曲　　艺术组　杨　歌丨109
走进抽象艺术　　艺术组　刁国燕丨114
工笔牡丹——分染法　　艺术组　何依芹丨121

 心理组

变压力为动力　　心理组　黄立刚丨130
艾滋病（AIDS）　　心理组　何　平丨136
语言的力量　　心理组　吴林桦丨142

体育与健康组

- 篮球——行进间单手上篮　周　智
- 排球——正面双手垫球　冯　刚
- 毽球——脚内侧踢球　张红琼
- 太极拳——攻防含义　郭　彪
- 定向运动　罗钥瑶
- 体能——上肢及腰腹力量练习　廖　阳
- 川大附中学生体质健康状况研究　宋燕妮

篮球——行进间单手上篮

体育与健康组　周　智

一、教学分析设计

【教材分析】☞

本节课教材内容选自人民教育出版社《体育与健康》（必修·全一册）第七章第三节《篮球》。篮球运动是强调技术和战术的协调配合，人与人之间的协调配合，团队与团队之间组织进攻和防守对抗的球类运动项目。其技术主要由运球、传球、三步上篮等动作组成，本节课我们要学习的是篮球技术中的三步上篮技术。三步上篮技术课程分为三课时，本课为第三课时，教学内容围绕学生三步上篮时的不足，寻求技术提升方法，符合课程教学安排。三步上篮是高中篮球技术教学中最基础的一种，也是最有效的上篮技术，因此掌握好三步上篮技术对于提高学生学习篮球的积极性具有重要的意义。通过学习，学生可以提高协调性、灵敏性等身体素质，还可以培养顽强拼搏、团结协作等心理素质，从而促进身心和谐发展。

【学生分析】☞

本次授课班级为高二年级（1）班（青少年航空实验班）。该班学生平时非常喜欢篮球运动，在日常的篮球训练和练习中已经具备了篮球基本的技术基础，对三步上篮的动作要领也有一定的了解，但对正确的三步上篮技术理解不深，并且掌握动作的水平也参差不齐。但该班的学生活泼好动，思维敏捷，对自己篮球技术的不足有正确的认识，对规范的三步上篮动作更喜欢进行针对性的练习，从而达到正确技术动作的定型，提升三步上篮的质量。教师根据"核心问题"教学模式，将教学分为提出问题、解决问题、反思提升、运用反馈四个环节，让学生在四个环节的学习过程中深度体验并感悟创新，从而激发学生的思维能力和创新能力，在教学过程中充分发挥主导及评价作用，努力培养学生创新思维的意识，在反思提升和运用反馈的过程中掌握运动知识和技能。

【目标分析】☞

1. 结果性目标

学练三步上篮，发展学生的协调性、灵敏性等身体素质，使100%的学生了解其技术要领，使80%的学生基本掌握三步上篮技术动作。

2. 体验性目标

在练习三步上篮的过程中体验步伐、身体姿势、手指出球挑球动作与三步上篮成功率之间的关联。

【核心问题分析】

核心问题：复习篮球三步上篮技术，结合多学科知识，探究技术提升方法并练习。

本学期校本公开课研究的主题是：核心问题教学实践体系的创新教育功能发挥策略研究。其重点在于创新教育功能的发挥策略，可以理解为教师通过创新教育方法，让学生通过体验探究，培养其创新思维方式。本节课就是通过学生对三步上篮的体验练习，结合多学科知识，引导学生对动作进行探究分析，使其领悟正确的技术动作，然后学生根据自身技术缺陷，思考如何进行针对性的练习，从而达到正确技术动作的定型，提升三步上篮的质量。本节课的创新点：结合多学科知识，分析三步上篮技术动作，引导学生深度探究技术动作的科学合理性，从思维层面引领学生知识技能的形成，进一步培养学生运动参与、运动技能、身体健康等体育学科素养，从而提升学生运动能力和体育品德的核心素养。

二、教学实施设计

【教学环节】

教学环节	学生活动	教师活动	设计意图及组织方法
提出问题	集合整队,师生问好,进入课堂情境,思考教师提出的问题。	营造情境,导入本次课的核心问题:复习篮球三步上篮技术,结合多学科知识,探究技术提升方法并练习。	组织方法： 设计意图:营造主动思考的思维环境,明确本节课的学习任务,激发学生的兴趣。
解决问题	1. 徒手操。 2. 原地运球。 3. 行进间运球。 4. 行进间运球三步上篮。	1. 领做篮球专项准备活动。 2. 教师指导学生进行练习。 3. 对错误动作进行个别纠正。	组织方法： 1. 集中探讨。 2. 学生分布在两个篮球场地进行练习。

续表

教学环节	学生活动	教师活动	设计意图及组织方法
解决问题	学生练习上篮。	教师指导上篮。	设计意图： 1. 发现并解决学生练习过程中的问题，如步伐、身体姿势、出手挑球动作等。 2. 培养学生创新意识，从而达到正确技术动作定型。
反思提升	1. 结合多学科知识，掌握技术要领。 2. 思维、意识和学习方法上的提升。	1. 根据学生情况，引导学生思考在练习三步上篮的过程中步伐、身体姿势、手指出球挑球动作与三步上篮成功率之间的关联。 2. 各学科思想的普遍性使用。	设计意图：在充分体验的基础上，将本节课的知识系统化、规范化，强化步伐、身体姿势、手指出球挑球动作等技术动作协调用力与三步上篮准确性之间的关联。
运用反馈	1. 固化动作。 2. 运球传接球三步上篮。	1. 指导、记录、分析。 2. 讲解要点，个别纠正。 3. 放松练习。	组织方法：在4个篮球半场进行练习。 设计意图：检测课堂效果，进一步检测关联。

【评价预设】

（1）基本知识、技能和方法。激发学生兴趣，促进学生参与，让学生在体验中感悟正确技术动作，在创新练习中使正确技术动作得到巩固，在比赛运用中相互提醒，协作共同进步。

（2）注重发展学生的个性。在教学评价过程中，学生自评、互评与教师点评紧密结合，发展学生自我评价的能力，进一步对学生体验进行引导性评价，同时通过反馈环节，对所学知识进行比赛运用，在运用中相互提醒，培养学生团结协作、共同进步的精神，为今后的教学竞赛和终身体育打下良好基础。

（3）可能存在的问题：由于篮球技术有一定的技巧性，每个学生对技术的理解和掌握程度不一，个别学生在学习过程中可能会存在畏难情绪，导致逃避学习或学习积极性不高。此时教师要及时鼓励、正确引导、适宜评价。

【教学流程】☞

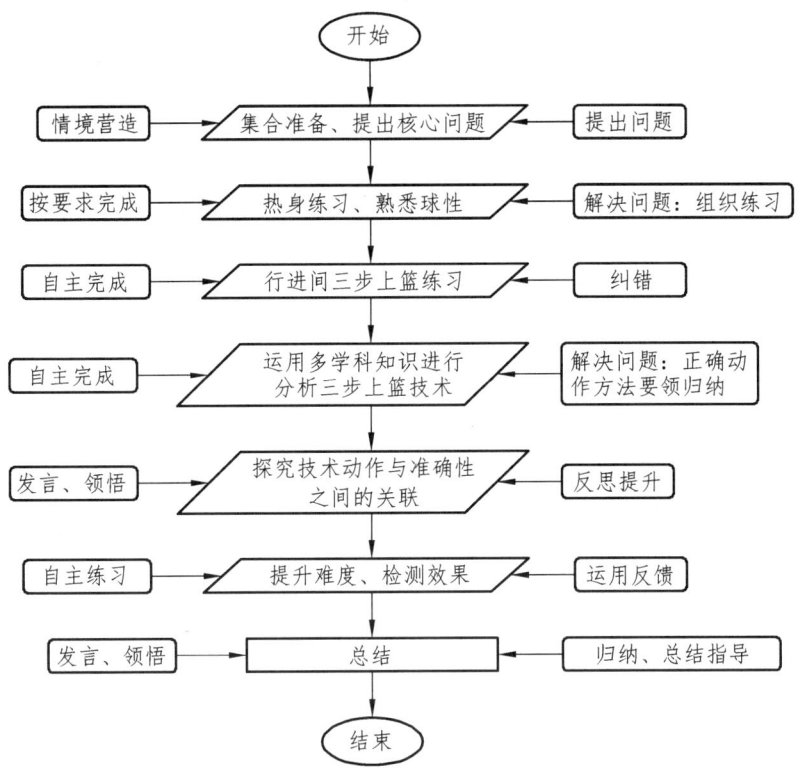

三、教学评价反馈

【信息搜集】☞

课后搜集学生三步上篮进球数据及学生互评表38份，对学生两次三步上篮进行数据对比分析和技术动作评价。根据本节课的核心问题，检验学生创新三步上篮练习方法后，对其上篮水平提高的实效性，培养学生自主学和练的能力。

【自我评价】☞

本节课的核心问题和教学目标确立得当，教学环节层层递进，学生的探究活动也不断深入。课堂中有76%的学生积极体验和探究，体现了学生的自主性和主体性。此外，从课后搜集的资料可以看出，学生的两次体验活动有了非常明显的进步，说明学生创造性的练习方法非常实用，展现了学生良好的思维和实践能力。

核心问题教学评价表

评价目标	评价指标			评价结果
	一级指标	二级指标	三级指标	
实现活动体验中的学习与发展	具有核心问题的教学形态	核心问题利于活动体验	内含学科问题和学生活动方式	8
			问题情境与真实生活密切相关	6
			能引发新知识、新方法的生成	7
		教学目标价值引导恰当	两类目标正确全面	7
			关联体验目标恰当	7
			目标价值引导显现	8
		教学环节完整合理落实	教学环节清晰完整	7
			环节内容合理充实	7
			学生活动时间充分	8
		教学要素相互匹配促进	问题目标环节两两匹配	7
			技术促进活动形式内容	8
			学科特点突出氛围浓郁	8
	具有核心问题的教学实质	拓展学习视野	课堂与现实世界有恰当关联	
			有基于缄默知识的问题解决	
			有缄默知识运用的追踪剖析	
		投入实践活动	有真实而且完整的实践活动	
			能够全身心地浸渍于活动中	
			活动的内容结果均丰富深入	
		感受意义关联	有核心问题的深层意义感受	
			有以知识为中心的关联感受	
			有以个人为中心的关联感受	
		自觉反思体验	有实质性反思活动的开展	
			有课堂新因素的追踪利用	
			有体验的交流与改善重构	
		乐于对话分享	乐于自我表达与认真倾听	
			乐于合作中成果与思路的分享	
			有宽容的对话氛围和多向交流	
		认同体验评价	认可体验评价	
			参与体验评价	
			利用体验评价	

每项指标最高评8分，合计88分。

选择一个表现突出的二级指标，在相应三级指标引导下，以现场学生表现为依据，于本表的第二页写出150字以上的简要评价。

【反馈调整】☞

体验性目标点检测表

课题名称	篮球三步上篮教学							
核心问题	学练篮球三步上篮，创新三步上篮练习方法，提升三步上篮质量。							
教学目标	结果性目标	学练三步上篮，培养学生的协调性、灵敏性等素质，使100%的学生掌握了解其技术要领。使80%的学生初步掌握三步上篮技术动作。						
	体验性目标	在练习三步上篮的过程中体验步伐、身体姿势、出手挑球动作等技术动作协调用力与三步上篮准确性之间的关联。						
检测点	结果性检测点	学生两次比赛三步上篮的进球个数。						
	体验性检测点	步伐、身体姿势、出手挑球动作等技术动作协调与三步上篮准确性之间的关联的体验。						
检测工具（题）	结果性检测工具（题）	分组三步上篮比赛						
	体验性检测工具（题）	视频记录分析						
结果性目标检测统计	分类	组别	总进球数	分类	组别	总进球数	进球数增减情况	
	第一次三步上篮比赛	第一组	6	第二次三步上篮比赛	第一组	9	3	
		第二组	5		第二组	8	3	
		第三组	7		第三组	7	0	
		第四组	8		第四组	9	1	
体验性目标检测统计（学生总人数：38人）	分类等级	分类标准				学生人数	百分比/%	
	A	对步伐、身体姿势、出手挑球动作等技术动作协调用力与三步上篮准确性之间的关联体验深入，能完成四个技术之间的连贯与协调用力。				8	21.05	
	B	对步伐、身体姿势、出手挑球动作等技术动作协调用力与三步上篮准确性之间的关联体验较为深入，能完成三个技术之间的连贯与协调用力。				23	60.53	
	C	对步伐、身体姿势、出手挑球动作等技术动作协调用力与三步上篮准确性之间的关联体验有所体验，能完成两个技术之间的连贯与协调用力。				5	13.16	
	D	对步伐、身体姿势、出手挑球动作等技术动作协调用力与三步上篮准确性之间的关联体验不足，能完成一个技术之间的连贯与协调用力。				2	5.26	

续表

检测分析	从结果性目标检测来看，除了第三组学生两次三步上篮进球数据没有变化，其他三个组进球数都有所增长，说明这三个组的学生的练习方法比较合理，而第三组学生的练习方法还需要改进。从体验性检测结果可以看出，本堂课基本完成了教学目标的要求，整体等级比例呈现"中间大两头小"的分布，但优秀率还应该要更高一点，才符合期望目标。
学生深度体验典型实例	在课堂上，第一组的学生进步比较大，从了解的情况来看，是由于第一组的学生在研究练习方法时，首先详细地分析了三步上篮的各个环节和技术要求，并结合本组的具体情况，进行了针对性的练习。此外，技术动作好的学生主动对技术动作差的学生进行了辅导。所以该组学生进步明显。
检测反馈	课后，从结果性和体验性检测统计结果反映的情况来看，只有极少数的学生在本堂课的练习中进步很小。只有 5.26% 的学生对步伐、身体姿势、出手挑球动作等技术动作协调用力与三步上篮准确性之间的关联体验不足，不能完成各技术之间的连贯与协调用力。从课后了解的情况看，该部分学生是由于平时的训练量不够，从小未接触篮球运动造成身体不够协调。教师也对该部分学生进行了专门性的训练。

排球——正面双手垫球

体育与健康组　冯　刚

一、教学分析设计

【教材分析】

本节课教材内容选自人民教育出版社《体育与健康》（必修·全一册）排球章节。排球是由准备姿势、移动、发球、垫球、传球、扣球和拦网等技术动作组成，以组织进攻和防守为主的隔网对抗类的球类运动项目。本节课我们所要学习的是排球技术中的垫球技术即正面双手垫球技术。正面双手垫球技术是高中排球教学中最简单、最基础的技术，它通常被用作接发球、接扣球、接拦回球等，垫球的好坏直接影响着比赛胜负，因此掌握好垫球技术对于排球比赛来说具有重要的意义。同时通过学习，学生可以提高协调性，发展灵敏、速度等身体素质，还可以培养果敢、顽强拼搏等心理素质，从而促进身心和谐发展。

【学生分析】

本次课是在高一（9）班进行教学的，学生共46人（男生30人，女生16人）。学生理解技术概念是有差异的，并且掌握动作的水平也不一致。教师根据学生的年龄和学习特点，在教学中采用学生深度体验的教学方法，对激发学生的思维能力有很大的帮助，教师充分发挥主导及评价作用，培养学生参与运动的热情，让学生在快乐运动中掌握知识和技能

【目标分析】

1. 结果性目标

初步掌握正面双手垫球技术并掌握其技术要领。

2. 体验性目标

垫球时全身的协调配合及垫球部位之间的关联。

【核心问题分析】☞

练习排球正面双手垫球，探讨提升垫球质量的方法。正面双手垫球是排球比赛中最基本的技术动作，想要提高排球垫球的质量，只有通过反复的垫球练习，完成从数量到质量的转变。在垫球的过程中，垫球时球与手腕接触的部位、用力的大小、下肢用力的配合等，这些都是提升垫球质量的方法，需要学生们在课中进行探讨和学习。所以，本节课的核心问题确立为：练习排球正面双手垫球，探讨提升垫球质量的方法。

二、教学实施设计

【教学环节】☞

教学环节	学生活动	教师活动	设计意图及组织方法	时间	负荷
导入部分	一、课堂常规 1. 全班成四列横队集合。 2. 体育委员整队、检查汇报人数。 3. 向教师问好。 4. 见习生按要求执行。 二、学生认真听教师讲本节课内容和要求 三、游戏 学生分成四组，在排球场进行；每组又分两小组进行迎面接力赛。	一、课堂常规 1. 在集合地点观察学生，并检查学生服装。 2. 接受体育委员汇报。 3. 向学生问好。 4. 安排见习生。 二、宣布本节课任务和要求 三、游戏 迎面接力赛	一、队形如图  要求：集合精神饱满、快、静、齐。 二、队形如图 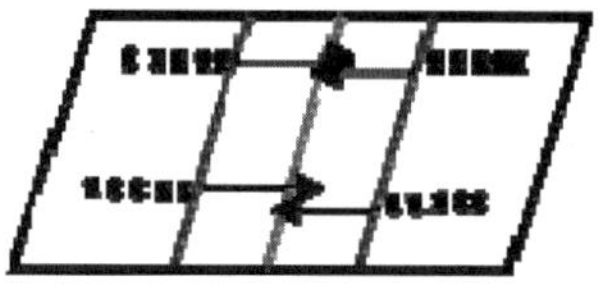	5分钟	小中
提出问题	学生自由发挥练习垫球。	教师组织学生自由练习垫球。	队形：自由散开练习。	5分钟	中
解决问题	学生认真听教师讲解并观看教师的示范，并做好小组合作学习的准备。	教师讲解、示范排球正面双手垫球技术。 口诀：插、夹、提、移、蹬、跟。	○○○○○○○○ ○○○○○○○○ ★ △△△△△△△△ △△△△△△△△	5分钟	小中

续表

教学环节	学生活动	教师活动	设计意图及组织方法	时间	负荷
反思提升	一、学生做原地徒手模仿练习 1. 学生徒手做准备姿势和移动练习。 2. 学生原地做正面双手垫球的徒手练习，体会正确的垫球动作。 二、学生自由组合练习 1. 垫固定球。 2. 一抛一垫：两人一组，相距3米，一人抛球，一人垫球。 3. 自抛自垫：学生连续向上将球垫起。 4. 两人对垫：两人一组，相距3米，面对面站立，连续垫球。	一、指导学生做原地徒手练习 二、指导学生进行自由组合，自由练习 1. 垫固定球：一人持球，让在垫球者体前，垫球者做正面双手垫球动作。 2. 一抛一垫：一人抛球，一人垫球。 3. 自抛自垫：一人一球，连续向上方垫球。 4. 对垫：两或三人一组，连续对垫球。	原地徒手 一抛一垫 自抛自垫 两人对垫	20分钟	大
应用反馈	1. 小组长安排进行集体或个人的展示。 2. 学生聚焦展示、观赏和点评。 3. 学生分组练习。要求：不能夹球。快速跑到指定地后原地垫球五次后再跑回队伍，把球交给下一名学生。	1. 集中讲解展示方法及注意事项。 2. 组织学生分组进行展示。 3. 垫球接力比赛。教师把学生分为四组进行比赛，每组一球。进行9米垫球跑接力。		5分钟	大
恢复身心	1. 学生能积极进行放松。 2. 学生认真听讲。 3. 体育委员收器材。 4. 学生与教师道别。	1. 教师组织学生进行放松。 2. 教师小结本堂课情况。 3. 教师布置回收器材。 4. 教师与学生道别。	○○○○○○○○○ ○○○○○○○○○ ★ △△△△△△△△△ △△△△△△△△△	5分钟	中小

【评价预设】

（1）讲解基本知识、技能和方法，激发学生兴趣，促进学生参与，让学生在体验中感悟正确技术动作，在创新练习中使其正确技术动作得以巩固，在比赛运用中相互提醒，协作共同进步。

（2）注重发展学生的个性。在教学评价过程中，学生自评、互评与教师点评紧密结合，发展学生自我评价的能力，进一步对学生体验积淀进行引导性评价，同时通过运用反馈环节，对所学知识进行比赛运用，在运用中相互提醒，培养学生团结协作，共同进步的精神，为今后的教学竞赛和终身体育打下良好基础。

（3）可能存在的问题：由于排球技术有一定的技巧性，每个学生对技术的理解和掌握程度不一，个别学生在学习过程中可能会存在畏难情绪，导致其逃避学习或学习积极性不高，此时教师要及时鼓励、正确引导、适宜评价。

【教学流程】☞

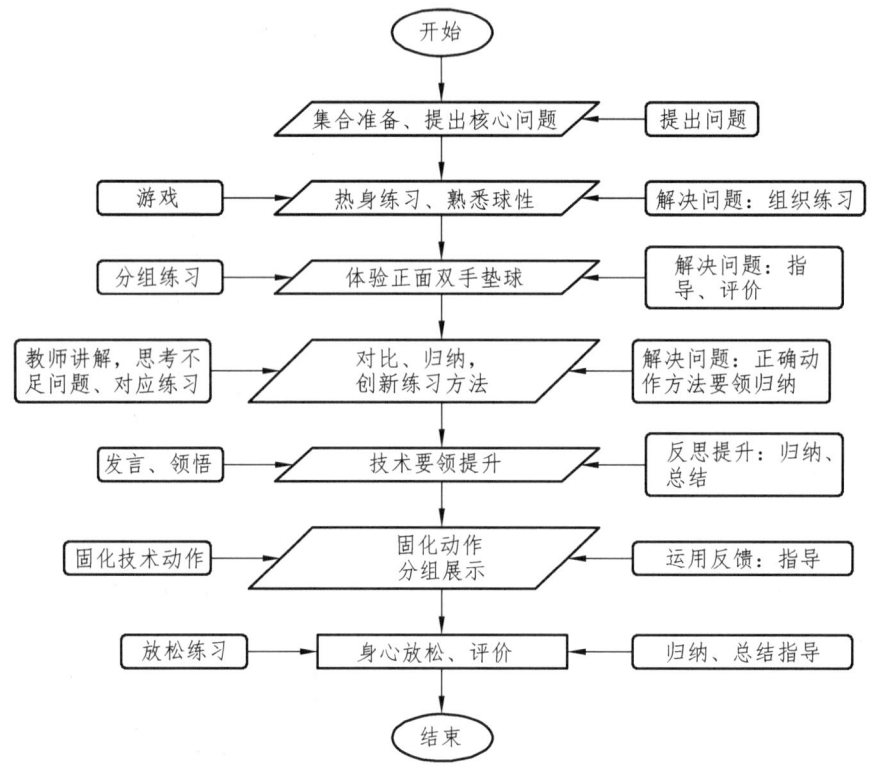

三、教学评价反馈

【自我评价】☞

核心问题教学评价表

评价目标	评价指标				评价结果
	一级指标	二级指标	三级指标		
实现活动体验中的学习与发展	具有核心问题的教学形态	核心问题利于活动体验	内含学科问题和学生活动方式	8	每项指标最高评8分，合计90分。
			问题情境与真实生活密切相关	8	
			能引发新知识、新方法的生成	7	

续表

评价目标	评价指标			评价结果
	一级指标	二级指标	三级指标	
实现活动体验中的学习与发展	具有核心问题的教学形态	教学目标价值引导恰当	两类目标正确全面	8
			关联体验目标恰当	7
			目标价值引导显现	7
		教学环节完整合理落实	教学环节清晰完整	8
			环节内容合理充实	8
			学生活动时间充分	8
		教学要素相互匹配促进	问题目标环节两两匹配	7
			技术促进活动形式内容	7
			学科特点突出氛围浓郁	7
	具有核心问题的教学实质	拓展学习视野	课堂与现实世界有恰当关联	选择一个表现突出的二级指标，在相应三级指标引导下，以现场学生表现为依据，于本表的第二页写出150字以上的简要评价。
			有基于缄默知识的问题解决	
			有缄默知识运用的追踪剖析	
		投入实践活动	有真实而且完整的实践活动	
			能够全身心地浸渍于活动中	
			活动的内容结果均丰富深入	
		感受意义关联	有核心问题的深层意义感受	
			有以知识为中心的关联感受	
			有以个人为中心的关联感受	
		自觉反思体验	有实质性反思活动的开展	
			有课堂新因素的追踪利用	
			有体验的交流与改善重构	
		乐于对话分享	乐于自我表达与认真倾听	
			乐于合作中成果与思路的分享	
			有宽容的对话氛围和多向交流	
		认同体验评价	认可体验评价	
			参与体验评价	
			利用体验评价	

本节课的核心问题是：练习排球正面双手垫球，探讨提升垫球质量的方法。教师在教学过程中紧紧围绕核心问题进行教学，学生通过练习，并在教师的示范和引导下，能基本完成排球双手正面垫球的技术动作，教师讲解认真，同时展示技术动作；学生在探究学习的过程中，主动积极。在解决问题和反思提升环节，学生乐于自我表现，将教师示范的技术动作，结合自身的技术进行综合展示，在课堂上大胆地与教师和同学们分享。同时通过反思提升，总结体育学科的学习思想和学习方法。在最后的应用反馈环节，通过固化技术动作的分组练习反馈本次课所学的技术，来巩固所学成果。教师通过课后分析，观察学生对四个技术动作的掌握情况，整节课在轻松愉快的环境中进行，最后的总结环节，学生将自己在本次课学到的技术再次进行交流和分享，充分展示学生在本次课中所学到的知识技能。

【反馈调整】☞

体验性目标点检测表

课题名称	排球正面双手垫球教学			
核心问题	练习排球正面双手垫球,探讨提升垫球质量的方法。			
教学目标	结果性目标	初步掌握正面双手垫球技术并掌握其技术要领。		
	体验性目标	垫球时全身的协调配合动作及垫球部位之间关联。		
检测点	通过学生的正面双手垫球个数来进行检测。			
检测工具	使用秒表让学生在规定的时间内完成。			
检测统计(学生总人数:46人)	分类等级	分类标准(1分钟)	学生人数	百分比/%
	A 等	60 次	6	13
	B 等	40 次	12	26
	C 等	30 次	18	39
	D 等	20 次	10	22
检测分析与反馈	从本节课的教学情况看,学生基本完成了教学目标的要求,大多数学生掌握了排球双手正面垫球技术。同时,本节课也符合核心问题教学文化外相评价和内核评价。有利于学生活动的体验,教学目标价值引导恰当,而且拓展了学生学习视野,使学生积极地投入实践活动中,通过探究活动自觉反思,体验到了本节课需要解决的核心问题,完成了教学目标要求的任务。			

毽球——脚内侧踢球

体育与健康组　张红琼

一、教学分析设计

【教材分析】

本节课教学内容：毽球——脚内侧踢球，选自人民教育出版社《体育与健康》（必修·全一册）第七章第七节《新兴体育运动》，是选项教学内容。

毽球是我国民间特有的一项具有浓郁民族色彩的体育运动，也是我国一项流传很广、有着悠久历史的民族体育活动。它所表现出来的趣味性、普及性、简便性、健身性和娱乐性等特点符合青少年的身心发展规律，符合素质教育对学校体育教学改革的要求，符合"以人为本"和"健康第一"的指导思想，受到学生的喜爱。

脚内侧踢球是毽球锻炼活动和比赛中应用频率最高的技术动作，也是学生必须掌握的基础性技术动作，因此脚内侧踢球常作为毽球教学的入门技术动作优先学习。学生对脚内侧动作的掌握与否对学生学习自信心的确立、毽球运动兴趣与爱好的培养及后继其他技术动作的学习起着至关重要的作用。因此，体育教师们必须认真对待脚内侧踢球的教学，使所有学生都能掌握这项技术，从而为系统学习毽球技战术创造一个良好的开端。

【学生分析】

（1）本次授课对象为高一年级学生。这一年龄段的学生正处于身体发展的高峰期，身体形态和机能都在不断地发展和增强。通过小学、初中的体育学习和锻炼，学生们的身体素质也达到了一定的水平。结合本班男生较多的实际情况，且毽球技术起点低，教学难度不宜设置过大。

（2）毽球对于高中生来说既熟悉，又极具吸引力。随着年龄、学龄的不断增长，知识面的不断扩大，相较于小学和初中，高中生的认知水平也有了较大的提升，实践能力和思维能力较强。大部分学生能够用联系的、探究的眼光，全面地看问题。这就为提升毽球各项技术提供了可能。

【目标分析】☞

1. 结果性目标

学生通过自主、合作、探究的学练方式,能梳理出"脚内侧踢球"技术要点。使95%的学生脚内侧连续自踢的数量能达到5个以上。

2. 体验性目标

通过学练脚内侧踢球,学生能够体验到踢球连续性与球的落点、击球点的高度以及摆动腿动作之间的关联。

【媒体分析】☞

篮球场1个、毽球50个、电脑1台、投影仪器1套。

【核心问题分析】☞

核心问题:学练毽球脚内侧踢球技术,探究如何提高踢球的连续性。

核心问题分析:脚内侧踢球是学生必须掌握的基础性技术动作,因此脚内侧踢球常作为毽球教学的入门技术动作优先学习。毽球脚内侧踢球的连续性和准确性与球的落点、击球点的高度以及摆动腿动作之间形成了不可分割的关联。之所以强调球与身体距离的关系,是因为球一旦过于接近身体,由于人体的生理解剖结构所限制,脚内侧就难以内翻并与地面保持平行,从而导致脚内侧面朝下倾斜,使得击球时不能把球传好、控制好。之所以强调击球点的高度处于膝盖或稍高的位置,是因为脚摆动至膝关节或稍高的位置击球,所产生的力非常集中,形成垂直向上的合力,这样较容易将球传起并易于控制。之所以强调脚内侧击球时保持与地面平行,是因为只有保持脚内侧与地面平行方能保证击球时用力集中,易于把球传好和控制好。

二、教学实施设计

【教学环节】☞

教学环节	学生活动	教师活动	时间	运动负荷
提出问题	组织:如下图  体育委员整队,学生听口令动作。 要求: 1. 集合做到快、静、齐。	课堂常规 1. 组织学生集合整队,检测着装、安排见习生。 2. 看视频,引导学生生成本次课的核心问题。 3. 提出核心问题:学练毽球脚内侧踢球技术,探究如何提高踢球的连续性。	3分钟	小

续表

教学环节	学生活动	教师活动	时间	运动负荷
提出问题	2. 体育委员声音洪亮，学生们精神饱满。 3. 见习生随堂见习。 按集合队形认真看视频积极，思考教师提出的问题。			
解决问题	活动一：热身准备 1. 热身游戏"听数抱团"。 2. 专项准备活动。 ①扩胸振臂。 ②腹背运动。 ③原地转髋。 ④无球模仿左右脚的踢腿动作。	组织：成一路纵队沿篮球场场进行慢跑。 学生跟随教师指挥。要求队伍速度适中。 组织：成体操队形散开。 学生跟随教师口令和示范做热身活动。要求动作舒展到位，身体各个关节得到锻炼。	6分钟	中
	活动二：脚内侧踢球之初步体验 初步体验脚内侧踢球，感悟脚内侧踢球的技术要点。	组织：一人一球，散点自踢。要求尽可能地完成多次连续踢球。	3分钟	中
	活动三：学练脚内侧踢球 在活动一的基础上，采用小组合作（技术较好的同学带动技术稍差的同学）的方式，尽可能想办法解决在踢球过程中遇到的技术难点。	组织：一人一球，距离因学生差异调整加大。	10分钟	中
反思提升	1. 集合学生提出问题，引导学生反思、梳理脚内侧踢球的技术要点。 2. 播放脚内侧踢球教学视频，教师引导学生反思针对技术要点，我们究竟该怎么做？	组织：成四路纵队密集集合。 学生认真听讲、积极思考。	5分钟	小
应用反馈	1. 圈内自踢练习。 2. 3~4人的小范围传球练习，要求球的落点尽量在圈的中心位置。 3. 踢球接力。	教师个别指导。	11分钟	大
身心放松	1. 集体原地放松。 2. 课堂小结。 3. 归还器材，宣布下课。	1. 与学生一起放松练习。 2. 教师激励性总结。	2分钟	小

【评价预设】☞

（1）讲解基本知识、技能和方法，激发学生兴趣，促进学生参与，让学生在体验中感悟正确技术动作，在创新练习中使其正确技术动作得以巩固，在展示活动中相互提醒，协作共同进步。

（2）注重发展学生的个性。在教学评价过程中，学生自评、互评与教师点评紧密结合，发展学生自我评价的能力，进一步对学生体验积淀引导性评价，同时通过运用反馈环节，对所学知识进行运用，在运用中相互提醒，培养学生团结协作，共同进步的精神，为今后的教学和终身体育打下良好基础。

（3）可能存在的问题：由于毽球有一定的技巧性，每个学生对技术的理解和掌握程度不一，个别学生在学习过程中可能会存在畏难情绪，导致逃避学习或学习积极性不高，此时教师要及时鼓励、正确引导、适宜评价。

【教学流程】☞

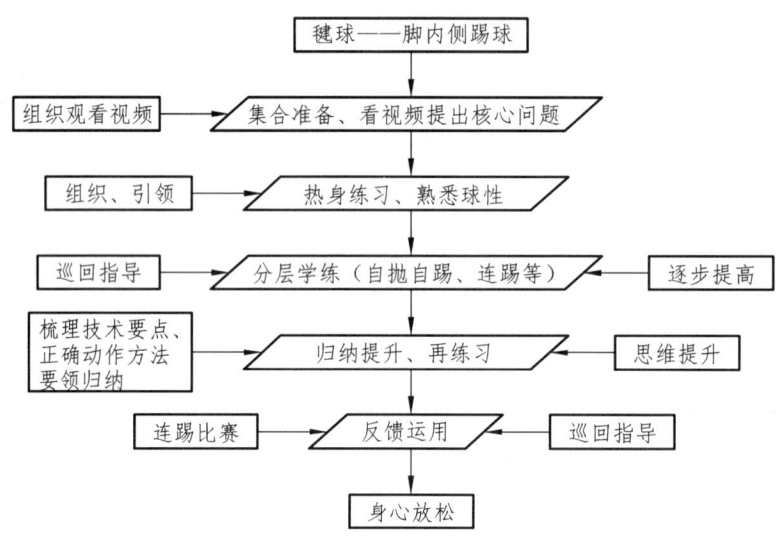

三、教学评价反馈

【自我评价】☞

核心问题教学评价表

价目标	评价指标				评价结果
	一级指标	二级指标	三级指标		
实现活动体验中的学习与发展	具有核心问题的教学形态	核心问题利于活动体验	内含学科问题和学生活动方式	8	每项指标最高评8分，合计89分。
			问题情境与真实生活密切相关	8	
			能引发新知识、新方法的生成	7	
		教学目标价值引导恰当	两类目标正确全面	8	
			关联体验目标恰当	8	
			目标价值引导显现	7	
		教学环节完整合理落实	教学环节清晰完整	8	
			环节内容合理充实	7	
			学生活动时间充分	8	

续表

价目标	评价指标			评价结果
	一级指标	二级指标	三级指标	
实现活动体验中的学习与发展	具有核心问题的教学形态	教学要素相互匹配促进	问题目标环节两两匹配	7
			技术促进活动形式内容	7
			学科特点突出氛围浓郁	8
	具有核心问题的教学实质	拓展学习视野	课堂与现实世界有恰当关联	选择一个表现突出的二级指标，在相应三级指标引导下，以现场学生表现为依据，于本表的第二页写出150字以上的简要评价。
			有基于缄默知识的问题解决	
			有缄默知识运用的追踪剖析	
		投入实践活动	有真实而且完整的实践活动	
			能够全身心地浸渍于活动中	
			活动的内容结果均丰富深入	
		感受意义关联	有核心问题的深层意义感受	
			有以知识为中心的关联感受	
			有以个人为中心的关联感受	
		自觉反思体验	有实质性反思活动的开展	
			有课堂新因素的追踪利用	
			有体验的交流与改善重构	
		乐于对话分享	乐于自我表达与认真倾听	
			乐于合作中成果与思路的分享	
			有宽容的对话氛围和多向交流	
		认同体验评价	认可体验评价	
			参与体验评价	
			利用体验评价	

核心问题教学实质的简要评价
——投入实践活动

投入实践活动：本课的核心问题是——学练毽球脚内侧踢球技术，探究如何提高毽球踢球的连续性。教师在整个教学过程中紧紧围绕核心问题，进行分小组教学。

学生的练习在教师的示范和引导下，能融入提升踢球技术的体验当中，教师引导合理，同时展示技术动作，学生在探究学习的过程中，主动积极认真。在解决问题和反思提升环节，学生乐于自我表现，将教师示范的技术动作，结合自身的体验、反思、实践进行综合展示，在课堂上大胆地与教师和同学们分享。同时，通过反思提升，提炼出体育学科的学习思想和学习方法。在最后应用反馈环节，通过固化技术动作的分组练习和分组连踢比赛来反馈本次课所学的动作，来固化所学成果。教师通过观察学生展示来进行课后分析，整节课在轻松愉快的环境中进行，最后的总结环节，学生将自己在本次课学到的动作再次进行交流和分享，全身心地沉浸在体验实践当中。

【反馈调整】☞

体验性目标点检测表

课题名称	毽球——脚内侧传球			
核心问题	学练毽球脚内侧踢球技术，探究如何提高踢球的连续性。			
教学目标	结果性目标	学生通过自主、合作、探究的学练方式，能梳理出"脚内侧踢球"技术要点。95%的学生脚内侧连续自踢的数量能超过5个。		
	体验性目标	通过学练脚内侧踢球，能够体验到踢球连续性与球的落点、击球点的高度以及摆动腿动作之间的关联。		
检测点	毽球的落点、击球点的高度以及摆动腿动作与踢球连续性之间的关联的体验。			
检测工具（题）	连续踢球接力。			
检测统计（学生总人数：48人）	分类等级	分类标准	学生人数	百分比/%
	A	深度体验到球的落点、击球点的高度以及摆动腿动作之间的关联。	24	50
	B	较深度体验到球的落点、击球点的高度以及摆动腿动作之间的关联。	16	33.3
	C	低层次体验到的落点、击球点的高度以及摆动腿动作之间的关联。	5	10.4
	D	未能体验到落点、击球点的高度以及摆动腿动作之间的关联。	3	6.25
检测分析	根据本课设立的结果性目标和体验性目标，要达成结果性目标，学生需要深入核心问题解决的全过程，并能在解决过程中，充分体验到连续踢球与球落点、击球点的高度以及摆动腿动作之间的关联。 通过"测试点检测分析表"的统计，本次课48名学生中，有24名学生深度体验到提升毽球脚内侧连续性的方法，占总人数的50%；16人能较为深刻地体验到本次课的教学内容，占总人数的33.3%；5人能较浅层次地体验到毽球摆动腿动作以及击球点高度，占总人数的10.4%；3人低层次地体验到毽球出球的准确性，占总人数的6.25%，仅3人未能达到预期教学要求。纵观整堂课，主要问题出在球的落点和身体相对位置上，根本原因还是未能"及早预判落点和脚下的快速移动"。 通过分析，本次课绝大部分学生能理解到脚内侧踢球的核心技术动作，但由于之前的毽球基础参差不齐，从动作技术的理解到肌肉记忆的巩固上有着较大区别。目标确立后学生能踢，但是因为过度注意"快"这一结果，导致连续踢球环节不能出色完成。			
学生深度体验典型实例	学生在课后总结时谈道，通过对毽球的学习，有三个认识：一是提升了我们对毽球的认识。本以为"踢毽子"仅仅是小学时课间的一种游戏，未曾想它还是传统体育项目，且有完善的技术、赛事及规则。二是在学练毽球的过程中，我们要想毽球不落地，只能做好踢球脚的动作，更重要的是支撑脚要移动迅速。三是任何体育运动，一时兴起必不可取，应该是持之以恒的坚持。			

检测反馈	课后，统计了学生在反馈应用环节所做的点检测统计表，通过测试数据观察学生学练脚内侧踢球的掌握情况，为后面教学提供进度依据。由于在之前的学习中，学生对毽球的认识、理解和运动基础有着较大差异。因此教学设计的时候要充分照顾到基础较差的学生，尤其是对毽球兴趣不高的学生，课中也要针对他们进行重点引导，帮助他们尽快投入练习中 　　关联点体验均不理想的那一部分学生，教学中应更多地关注他们解决问题的过程，在课上帮助他们提高兴趣，弥补缺陷。并且可以在课堂上对他们降低难度，如"一抛一踢"等。 　　针对低层次体验的学生，教学中关注他们的反思环节和运用反馈环节，他们有着想踢好球的渴望和一定的技能理解，但是在思维理解和动作记忆方面存在一定的不足。在反思提升环节，要帮助学生了解脚下移动与连续踢球存在的必然联系。

太极拳——攻防含义

体育与健康组　郭　彪

一、教学分析设计

【教材分析】

本节课教材内容选自人民教育出版社《体育与健康》（必修·全一册）第七章第三节。太极拳的教学要注重学生整体身法和气势，要求轻松柔和、连贯均匀、圆活自然；举手投足立身中正、松静自然、虚实清楚、上下贯穿、八面支撑。它对身法的要求极严、极细、极微、极妙，无一不符合人体的科学要求和规范，它不仅是身体的简单运动，更是内在的精神冶炼、身心合一。

【学生分析】

本次授课班级为高一（14）班。该班学生平时就非常喜欢太极拳，在日常的训练中对太极拳有一定的了解，但对技术概念的理解是有差异的。该班的学生活泼好动，思维敏捷，有很强的自主意识，也善于交流、思考，但由于种种原因，学生之间的身体素质和运动技能各有差异，在太极拳的练习中有较大的提升空间。所以在本节课的设计中，教师采用"核心问题"的教学模式，引导学生自主发现问题、解决问题，在团队合作探究活动中，加深学生对太极拳技术的掌握和理解，使其通过体验活动，体验身体移动与肌肉发力等最直接的感受，探究太极拳的攻防含义，从而激发学生的思维能力和创新能力。在教学过程中充分发挥主导及评价作用，努力培养学生创新思维的意识，在反思提升和运用反馈的过程中掌握运动知识和技能。

【目标分析】

1. 结果性目标

学练24式太极基本组合：白鹤亮翅、搂膝拗步，发展学生的协调性、灵敏性等身体素质，使85%的学生基本掌握白鹤亮翅、搂膝拗步的技术动作，明白其攻防含义。

2. 体验性目标

在练习的过程中体验身体动作与攻防转换以及双手有力、腰身蓄力与动作协调、规范之间的关联。

【媒体分析】☞

教学媒体	功能
音响、电脑	播放视频，营造情境
平板电脑	录制视频，计数

【核心问题分析】☞

核心问题：看视频，学练24式太极拳基本组合：白鹤亮翅、搂膝拗步，探究动作的攻防含义，练习并熟练运用。

本课通过核心问题贯穿始终，让学生自己想办法、多练习，探究太极拳动作的攻防含义，使之全身心地投入活动中，进而在活动体验中理解动作的科学性、合理性，从而让学生的身体得到相应的锻炼。

二、教学实施设计

【教学环节】☞

教学环节	学生活动	教师活动	设计意图及组织方法
提出问题	集合整队，师生问好，看视频，进入课堂情境，思考教师提出的问题。	展示24式太极拳（或视频），导入本次课的核心问题——看视频，学练24式太极拳基本组合：白鹤亮翅、搂膝拗步，探究动作的攻防含义，练习并熟练运用。	组织方法： 设计意图：营造主动思考的思维环境，明确本节课的学习任务，激发学生兴趣和欲望。
解决问题	1. 准备活动。 2. 看视频，分小组进行练习，探究动作的攻防含义。	1. 太极拳相关的准备活动。 2. 巡视学生分组练习情况。 3. 引导各小组积极讨论，指导、纠错。	组织方法： 学生分组进行练习。

教学环节	学生活动	教师活动	设计意图及组织方法
反思提升	1. 各小组回答探究结果并展示。 2. 听其他小组汇报，结合本小组探究结果进一步理解太极拳实战运用中的攻防含义，改进技术动作。	1. 引导学生思考。 2. 和学生一起提炼太极拳在实战运用中的攻防含义并指导学生进行演练	组织方法： 通过演示搂膝拗步在实战运用中的攻防含义，加深学生对技术动作的理解。
运用反馈	1. 固化动作。 2. 分组进行展示。	1. 指导、分析、纠错。 2. 教师点评。 3. 放松练习。	组织方法：分成四组比赛。 设计意图：检测课堂学习效果，进一步检测关联。

【评价预设】

对学生活动的预设：

（1）白鹤亮翅、搂膝拗步后，抱手收脚、转体上步、弓步分手动作不够标准、连贯、协调。

（2）显示重心移动不平稳，未能深入体验与双手有力、腰身蓄力之间的关联。

对教师课堂评价的预设：

（1）在核心问题引入时，对学生是否准确理解问题进行评价。

（2）在学生体验和反思提升环节，对教师引导的合理性进行评价。

（3）在运用反馈中，对学生的知识技能输出进行评价。

【教学流程】

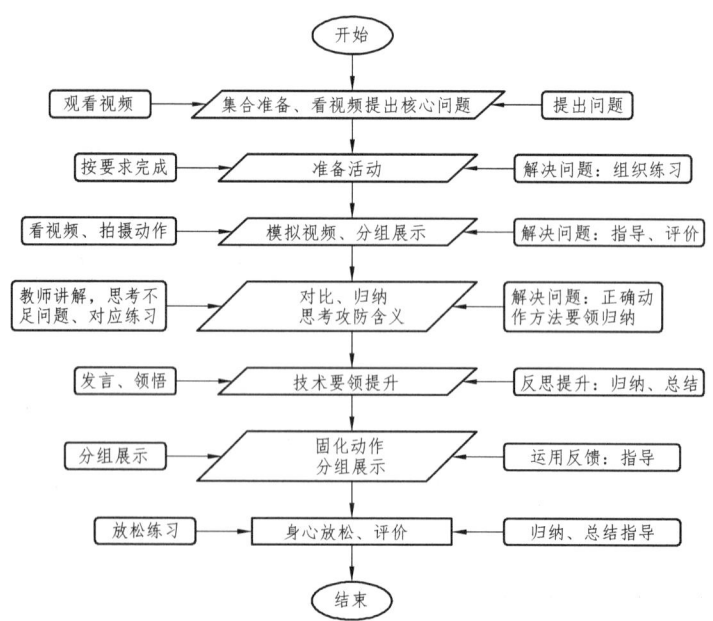

三、教学评价反馈

【自我评价】

核心问题教学评价表

评价目标	评价指标				评价结果
	一级指标	二级指标	三级指标		
实现活动体验中的学习与发展	具有核心问题的教学形态	核心问题利于活动体验	内含学科问题和学生活动方式	9	每项指标最高评8分，合计89分。
			问题情境与真实生活密切相关	7	
			能引发新知识、新方法的生成	8	
		教学目标价值引导恰当	两类目标正确全面	7	
			关联体验目标恰当	7	
			目标价值引导显现	7	
		教学环节完整合理落实	教学环节清晰完整	7	
			环节内容合理充实	7	
			学生活动时间充分	8	
		教学要素相互匹配促进	问题目标环节两两匹配	7	
			技术促进活动形式内容	6	
			学科特点突出氛围浓郁	8	
	具有核心问题的教学实质	拓展学习视野	课堂与现实世界有恰当关联		选择一个表现突出的二级指标，在相应三级指标引导下，以现场学生表现为依据，于本表的第二页写出150字以上的简要评价。
			有基于缄默知识的问题解决		
			有缄默知识运用的追踪剖析		
		投入实践活动	有真实而且完整的实践活动		
			能够全身心地浸渍于活动中		
			活动的内容结果均丰富深入		
		感受意义关联	有核心问题的深层意义感受		
			有以知识为中心的关联感受		
			有以个人为中心的关联感受		
		自觉反思体验	有实质性反思活动的开展		
			有课堂新因素的追踪利用		
			有体验的交流与改善重构		
		乐于对话分享	乐于自我表达与认真倾听		
			乐于合作中成果与思路的分享		
			有宽容的对话氛围和多向交流		
		认同体验评价	认可体验评价		
			参与体验评价		
			利用体验评价		

【反馈调整】☞

体验性目标点检测表

课题名称	太极拳						
核心问题	看视频，学练24式太极拳基本组合：白鹤亮翅、搂膝拗步。探究动作的攻防含义，练习并熟练运用。						
教学目标	结果性目标	学练24式太极基本组合：白鹤亮翅、搂膝拗步。发展学生的协调性、灵敏性等身体素质，使85%的学生基本掌握白鹤亮翅、搂膝拗步的技术动作，明白其攻防含义。					
	体验性目标	在练习的过程中体验，身体动作与攻防转换以及双手有力、腰身蓄力与动作协调、规范之间的关联。					
检测点	结果性检查点	学生初次展示和最终展示进行对比。					
	体验性检测点	身体动作与攻防转换以及双手有力、腰身蓄力与动作协调、规范之间的关联体验。					
检测工具（题）	结果性检测工具（题）	分组展示对比。					
	体验性检测工具（题）	视频记录分析。					
结果性目标检测统计	分类	组别	技术动作	分类	组别	技术动作	直观感受
	第一次展示	第一组	B	第二次展示	第一组	B	不变
		第二组	D		第二组	C	提升
		第三组	C		第三组	B	提升
		第四组	C		第四组	B	提升
体验性目标检测统计（学生总人数：43人）	分类等级	分类标准				学生人数	百分比/%
	A	白鹤亮翅、搂膝拗步后，抱手收脚、转体上步、弓步分手动作标准、连贯、协调，重心移动平稳，能深入体验身体动作与攻防转换以及双手有力、腰身蓄力与动作协调、规范之间的关联体验。				17	39.53
	B	白鹤亮翅、搂膝拗步后，抱手收脚、转体上步、弓步分手动作比较标准、连贯、协调，能体验到身体动作与攻防转换以及双手有力、腰身蓄力与动作协调、规范之间的关联体验。				21	48.83
	C	白鹤亮翅、搂膝拗步后，抱手收脚、转体上步、弓步分手动作连贯，不能体验身体动作与攻防转换以及双手有力、腰身蓄力与动作协调、规范之间的关联体验。				4	9.3
	D	白鹤亮翅、搂膝拗步后，抱手收脚、转体上步、弓步分手动作不连贯，不能体验身体动作与攻防转换以及双手有力、腰身蓄力与动作协调、规范之间的关联体验。				1	2.3

续表

检测分析	整体结果实现了本节课教学目标，大多数学生体验到了白鹤亮翅、搂膝拗步后，抱手收脚、转体上步、弓步分手动作连贯，能体验身体动作与攻防转换以及双手有力、腰身蓄力与动作协调、规范之间的关联体验。
学生深度体验典型实例	在第二次体验白鹤亮翅、搂膝拗步后，有一部分学生能够很好地体验到技术动作的要求，以及身体动作与攻防转换以及双手有力、腰身蓄力与动作协调、规范之间的关联。
检测反馈	从检测表反映的情况可以看出，只有2.3%的学生没有很好地体验到技术动作之间的关联。从课后了解的情况来看，这部分学生由于身体协调性较差，需要进行大量的课后练习。

定向运动

体育与健康组　罗钥瑶

一、教学分析设计

【教材分析】

定向运动是一项学生体育项目。它能培养学生独立分析解决问题的能力和良好的逻辑思维及识图能力。在之前的课程当中，学生学习了定向越野的基本规则和地图与指北针的定位方法。学生在本节课将完成定向越野实践研究课程。

【学生分析】

首先，因为定向越野不受年龄、场地、工具的限制，现在越来越多的人参与其中；定向越野能让学生体会到其中的挑战、刺激和乐趣，能满足学生对野外生存强烈的探究欲望。其次，高一年级学生经过初中三年的锻炼，身体素质较好，耐力基本足够，并且对环境地理知识有所了解，学习积极性高，探究能力强，有利于定向越野项目的开展。

【目标分析】

1. 结果性目标

（1）学生能够掌握指北针和地图的正确使用方法，准确判断所处位置。
（2）锻炼学生速度、耐力、灵敏、力量、协调等身体素质。
（3）通过体验定向越野，发展学生良好的团队协作精神。

2. 体验性目标

学生在定向运动的实验中，感悟指北针、地图与实地以及目标达到之间的关联。感悟团队协作与目标达成之间的关联。

【核心问题分析】

学习定向越野知识，在学校操场内，利用指北针与地图快速达到目标，反思所用策略。

二、教学实施设计

【教学环节】

研究环节	学生活动	教师活动	设计意图
情境引入	观看视频，根据教师引导，复习定向越野运动规则。	教师运用视频引入本次课的综合实践课程的实践研究方向。	引导学生进入课题，了解本次课程的实践研究方向。
实践探究1	1. 分组。 2. 讨论研究课程内容。 3. 对定向路线进行实践操作。	1. 引导学生合理分配时间，仔细判断位置，精确定位。 2. 提醒学生在行进过程中注意安全。	让学生在初次实践操作中，学会分析所遇到的问题，学会互帮互助，积极思考。
实践探究2	1. 重新分配路线，讨论研究课程内容，并制定方案计划。 2. 参与定向活动的实践研究。 3. 结合实践中遇到的问题能够快速做出针对性的应对方案。	1. 各组展开巡视，并协助学生对实践活动中遇到的问题进行引导。 2. 提醒学生在实践中注意安全。	学生在制订计划后，实践较为完整的定向运动，能够结合各组的问题进行分析，改进措施。
总结完善	学生对课中所遇到的问题进行讨论分析，并结合课程，分析方案制定的必要性。	1. 总结评价课堂活动的实质。 2. 布置课后任务。	整理课中活动过程，为下次课做准备。

【评价预设】

（1）学生在小组的初次实践活动研究时，对自己小组在实践过程中所出现的情况做评价。

（2）学生在各小组的定向运动结束后，对自己小组在实践过程中所出现的问题及其解决方案做出评价。

（3）第二个活动结束时，教师对学生的方案制定及实践完成情况做出评价。

【板书设计】

室外课程无板书。

【教学流程】

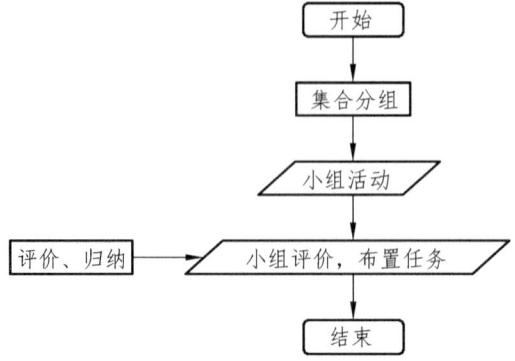

三、教学评价反馈

【信息搜集】

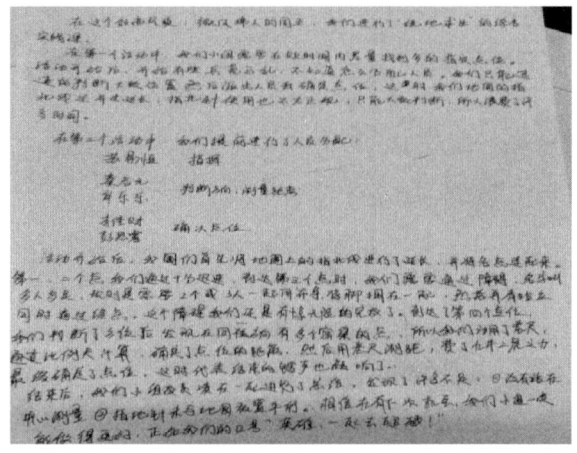

【自我评价】

核心问题教学评价表

评价目标	评价指标				评价结果
	一级指标	二级指标	三级指标		
实现活动体验中的学习与发展	具有核心问题的教学形态	核心问题利于活动体验	内含学科问题和学生活动方式	7	每项指标最高评8分，合计87分。
			问题情境与真实生活密切相关	7	
			能引发新知识、新方法的生成	7	
		教学目标价值引导恰当	两类目标正确全面	7	
			关联体验目标恰当	6	
			目标价值引导显现	7	

续表

评价目标	评价指标			评价结果
	一级指标	二级指标	三级指标	
实现活动体验中的学习与发展	具有核心问题的教学形态	教学环节完整合理落实	教学环节清晰完整	7
			环节内容合理充实	7
			学生活动时间充分	8
		教学要素相互匹配促进	问题目标环节两两匹配	7
			技术促进活动形式内容	8
			学科特点突出氛围浓郁	8
	具有核心问题的教学实质	拓展学习视野	课堂与现实世界有恰当关联	选择一个表现突出的二级指标,在相应三级指标引导下,以现场学生表现为依据,于本表的第二页写出150字以上的简要评价。
			有基于缄默知识的问题解决	
			有缄默知识运用的追踪剖析	
		投入实践活动	有真实而且完整的实践活动	
			能够全身心地浸渍于活动中	
			活动的内容结果均丰富深入	
		感受意义关联	有核心问题的深层意义感受	
			有以知识为中心的关联感受	
			有以个人为中心的关联感受	
		自觉反思体验	有实质性反思活动的开展	
			有课堂新因素的追踪利用	
			有体验的交流与改善重构	
		乐于对话分享	乐于自我表达与认真倾听	
			乐于合作中成果与思路的分享	
			有宽容的对话氛围和多向交流	
		认同体验评价	认可体验评价	
			参与体验评价	
			利用体验评价	

【反馈调整】☞

体验性目标点检测表

课题名称	定向运动	
核心问题	学习定向越野知识,在学校操场内,利用指北针与地图快速达到目标,反思所用策略。	
教学目标	结果性目标	1. 学生能够通过指北针和地图的配合,达到准确判断所处位置的目的。 2. 锻炼学生速度、耐力、灵敏、力量、协调等身体素质。 3. 通过体验定向越野,发展学生良好的团队协作精神。

教学目标	体验性目标	学生在定向运动的实验中，感悟指北针、地图与实地以及目标达到之间的关联。感悟团队协作与目标达到之间的关联。		
检测点	掌握定向工具的使用方法，体验定向工具与目标达到之间的关联。			
检测工具	指北针，定向地图。			
检测统计（学生总人数：20人）	分类等级	分类标准	学生人数	百分比/%
	A	完成100%	5	25
	B	完成70%	10	50
	C	完成50%	5	25
	D	完成不足50%	0	0
检测分析	能正确快速地完成实践活动，说明学生不仅掌握了基础知识，还有较好的身体素质，并且能与所学内容相联系。完成较少的学生，在于基础知识没有掌握透彻，教师应发现学生问题所在，引导学生归纳易错点，并教会学生如何快速并且正确地使用定向工具。			
学生深度体验典型实例				
检测反馈	通过本节课的学习，大部分学生能够在规定时间内设计出较合理的实践方案，通过前期的训练铺垫，大多数学生能够规范地完成实验操作，并科学地分析实验结果，得出结论。不足之处是：在结果出现异常时，部分学生不知道从哪个环节去分析原因。这需要教师进一步引导。			

体能——上肢及腰腹力量练习

体育与健康组　廖　阳

一、教学分析设计

【教材分析】

本课选自人民教育出版社《体育与健康》（必修·全一册）第一章第二节《全面发展体能与科学锻炼》。引体向上是反映男生肩臂最大力量和力量耐力的典型指标，同时也是国家体质健康测试的一项。在完成一个完整的引体向上的过程中，需要众多背部骨骼肌和上肢骨骼肌的共同参与，是一项多关节复合动作练习，是较好的锻炼上肢的方法，是所有发展背部骨骼肌肌力和肌耐力的练习方式中参与肌肉最多、运动模式最复杂、发展背部骨骼肌的肌力和肌耐力最有效的练习方式，是最基本的锻炼背部的方法。只要坚持有针对性的科学锻炼，上肢及腰腹力量一定会有所增长，引体向上成绩自然也会有所提高。

【学生分析】

本次授课班级为高二年级学生。这一年龄段的学生正处于身体发展的高峰期，身体形态和机能都在不断地发展和增强，通过小学、初中近10年的体育学习和锻炼，学生的身体素质也达到了一定的水平，但是在历年的体质健康测试中，男生引体向上成绩和能力普遍较差，成绩差异性也较大。

【目标分析】

1. 结果性目标

学生通过自主、合作、探究的学练方式，理解引体向上技术动作，了解完成引体向上所需要的肌肉力量。

2. 体验性目标

在本节课中，学生通过引体向上的练习，体验引体向上的能力和自身肌肉群作用之间的关联，找到针对性的练习方法。

【媒体分析】👉

组合横杆2套，双杠2套，体操垫若干，引体向上辅助设备6套，音箱一个，投影一套。

【核心问题分析】👉

核心问题：学练多种上肢及腰腹力量练习方法，探究进行科学力量锻炼的原则。
关联体验：引体向上的动作质量及数量与上肢及核心力量之间的关联。

二、教学实施设计

【教学环节】👉

教学环节	学生活动	教师活动	时间	运动负荷
提出问题	组织：成4列横队集合。 体育委员整队，学生听口令动作。 要求： 1. 集合做到快、静、齐。 2. 体育委员声音洪亮，学生们精神饱满。 3. 见习生随堂见习。 按集合队形认真看视频，积极思考教师提出的问题。	课堂常规： 1. 组织学生集合整队，检测着装、安排见习生。 2. 提出核心问题：学练多种上肢及腰腹力量练习方法，探究进行科学力量锻炼的原则。	4分钟	小
解决问题	组织：2路纵队沿足球场进行慢跑。 学生跟随教师指挥。 1. 要求队伍整齐，速度适中。 2. 组织：成体操队形散开。 跟随音乐进行准备活动（身体素质操）。 3. 两人一组相互保护，完成尽量多的引体向上，思考各自存在的不足。	1. 热身活动：慢跑200米。 2. 播放音乐，带领学生进行身体素质操。 3. 引导学生体验引体向上，要求学生尽自己最大能力去完成最多个数的引体向上标准动作，并要求学生回忆刚才看的视频，思考自身不足。	10分钟	中
	1. 根据自身实际情况，小组长带领组员选择适合自己的练习手段，分组循环练习。 2. 观看练习手册，相互保护，共同练习，并在练习中相互提醒注意事项。 3. 相互加油鼓励，积极思考。	提出问题，让学生寻找适合自己的练习方法，探究如何针对性地进行补强。	15分钟	大
反思提升	组织：成4路纵队密集集合。 学生认真听讲、积极思考。	1. 集合学生提出问题，引导学生反思（影响引体向上成绩的因素）。 2. 提炼体能的要素和体能与健康的关系。 3. 引出科学锻炼原则，科普RM（强度·重量），引导学生课后制订适合自己的力量训练计划	5分钟	小

续表

教学环节	学生活动	教师活动	时间	运动负荷
应用反馈	竞技小游戏：手推车接力。	应用反馈：学生内化学习知识并积极参与。	4分钟	中
身心放松	1. 与学生一起放松练习。 2. 教师激励性总结。 3. 思考：引体向上的成绩提高除了力量练习还需要什么？准备下节课的内容——合理膳食。	1. 集体针对性拉伸。 2. 课堂小结；引导学生得出终身锻炼的结论。（训练不是一蹴而就的，是坚持的过程，只有坚持锻炼，身体素质才会越来越好。） 提出思考：引体向上的成绩提高除了力量练习还需要什么？引出下节课的内容——合理膳食。 3. 归还器材，宣布下课。	2分钟	小
场地器材	运动负荷预计：平均心率为135次/分钟左右； 练习密度为40%~45%。	组合横杆2套，双杠2套，体操垫若干，引体向上辅助带6根，音箱一个，投影一套。		

【评价预设】☞

1. **对体能要素及其与健康的关系设问**

体能要素，是构成体能的组成部分，包括与健康有关的体能要素和与运动技能有关的体能要素。与健康有关的体能要素，包括心肺耐力、肌肉力量、肌肉耐力、柔韧性和身体成分等。与运动技能有关的体能要素，包括速度、力量、耐力、灵敏、柔韧、平衡、协调等。体能是指人体各器官系统的机能在身体活动中表现出来的能力，体能与遗传因素有一定的关系，但是通过科学的锻炼也可以有效地提高和发展体能，促使心脏、血管、肺和肌肉保持良好的状态，从而使身体更健康，精力更旺盛，更加积极愉快地进行日常学习工作和娱乐活动，提高生活的质量。

2. **对力量练习前后肌肉的变化设问**

力量练习前后肌纤维横断图示表明，通过力量练习可以使肌纤维增粗，从而使整块肌肉体积增大，力量提高。

3. **力量练习的强度控制指标知识的普及**

进行力量练习同样需要确定锻炼的强度，由于心率指标难以准确地反映力量练习的强度，同时每个人所能负荷的重量也有差异，因此，在实际练习中可以采用RM指标来控制力量练习的强度。RM是指在肌肉疲劳前完成一定次数的最大负荷，例如，你能将25千克重量最多推举10次，那么你的10RM强度的力量练习就是25千克的负荷。如果经过一段时间的练习，肌肉力量有所发展以后，你能将30千克的重量推举10次，那么你在进行推举力量练习时的10RM的强度就变为30千克。

【教学流程】☞

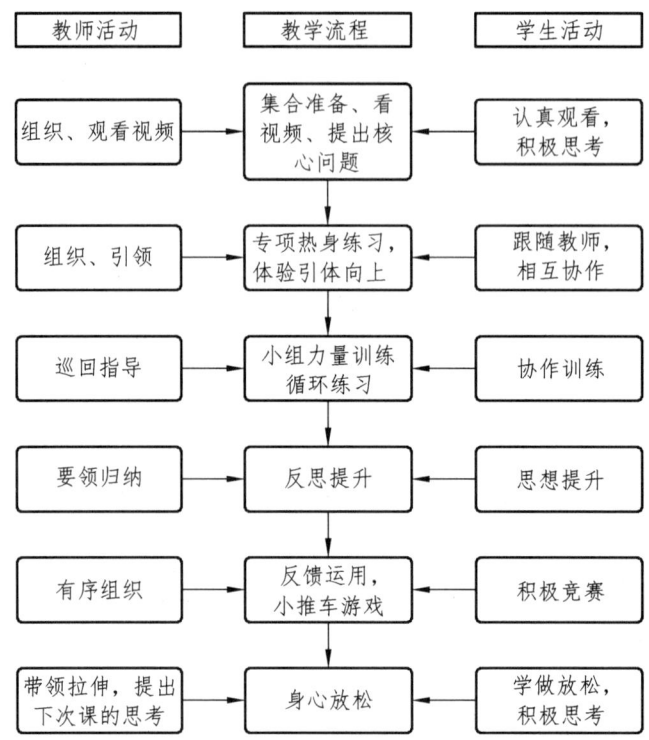

三、教学评价反馈

【自我评价】☞

核心问题教学评价表

评价目标	评价指标				评价结果
	一级指标	二级指标	三级指标		
实现活动体验中的学习与发展	具有核心问题教学形态	核心问题利于活动体验	内含学科问题和学生活动方式	8	每项指标最高评8分，合计89分。
			问题情境与真实生活密切相关	7	
			能引发新知识、新方法的生成	7	
		教学目标价值引导恰当	两类目标正确全面	7	
			关联体验目标恰当	8	
			目标价值引导显现	7	
		教学环节完整合理落实	教学环节清晰完整	8	
			环节内容合理充实	7	
			学生活动时间充分	8	

续表

评价目标	评价指标			评价结果
	一级指标	二级指标	三级指标	
实现活动体验中的学习与发展	具有核心问题教学形态	教学要素相互匹配促进	问题目标环节两两匹配	7
			技术促进活动形式内容	7
			学科特点突出氛围浓郁	8
	具有核心问题教学实质	拓展学习视野	课堂与现实世界有恰当关联	选择一个表现突出的二级指标,在相应三级指标引导下,以现场学生表现为依据,于本表的第二页写出150字以上的简要评价。
			有基于缄默知识的问题解决	
			有缄默知识运用的追踪剖析	
		投入实践活动	有真实而且完整的实践活动	
			能够全身心地浸渍于活动中	
			活动的内容结果均丰富深入	
		感受意义关联	有核心问题的深层意义感受	
			有以知识为中心的关联感受	
			有以个人为中心的关联感受	
		自觉反思体验	有实质性反思活动的开展	
			有课堂新因素的追踪利用	
			有体验的交流与改善重构	
		乐于对话分享	乐于自我的表达与认真的倾听	
			乐于合作中成果与思路的分享	
			有宽容的对话氛围和多向交流	
		认同体验评价	认可体验评价	
			参与体验评价	
			利用体验评价	

核心问题教学实质的简要评价(包括发展性建议):

本节课凸显了核心问题教学中"学练多种上肢及腰腹力量练习方法,探究进行科学力量锻炼的原则"中感悟这一环节。学生要有感悟就需要投入实践活动及自觉反思体验。本节课学生练习密度在65%以上,学生在发现问题、解决问题、反思提升、运用反馈的四个环节都全身心地投入实践活动中,而且在发现问题和反思提升环节,学生对体验过程展开积极的思考活动,并通过小组和队友之间的探讨、交流,逐渐提炼出新的知识点,再运用到实践当中。在这一过程中,学生的思维经由身体体验—心理思考—活动实践—知识提炼—技能掌握,在这一循环过程中,学生不断强化对上肢力量的理解。而从课堂及课后反馈的情况来看,本节课在核心问题教学方面,学生在投入实践活动及自觉反思体验方面做得较好。

体验性目标点检测表

课题名称	体能——上肢及腰腹力量练习			
核心问题	学练多种上肢及腰腹力量练习方法，探究进行科学力量锻炼的原则。			
教学目标	结果性目标	学生通过自主、合作、探究的学练方式，理解引体向上技术动作，了解完成引体向上所需要的肌肉力量。		
	体验性目标	在本次课中学生通过引体向上的练习，体验引体向上的能力和自身肌肉群作用之间的关联，找到针对性的练习方法。		
检测点	合理评估自身能力选择完成15次不同的引体向上。			
检测工具（题）	合理评估自身能力选择完成15次不同的引体向上。			
检测统计（学生总人数：33人）	分类等级	分类标准	学生人数	百分比/%
	A	徒手完成15次标准引体向上	11	34
	B	通过辅助带完成15次引体向上	13	39
	C	完成15次斜体引体向上	6	18
	D	未能完成任何形态的引体向上	3	9
检测分析	根据本课设立的结果性目标和体验性目标，要达成结果性目标，学生需要准确地体验核心问题解决的全过程，充分体验出动作质量与上肢及核心力量之间的关联。 通过"测试点检测分析表"的统计，本次课33名学生中，有24名学生较好地完成引体向上，占总人数的73%，其中11人能完成标准引体向上，占总人数的34%，13人能利用辅助带完成，占总人数的39%，6人低层次通过斜体完成15次引体向上，占总人数的18%，仅3人未能达到预期教学要求。 通过"测试点检测分析"，本次课绝大部分学生能根据自身能力完成15次引体向上，但由于之前的力量基础参差不齐，从动作技术的理解到肌肉记忆的巩固上有着较大区别。			

川大附中学生体质健康状况研究

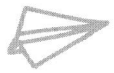

体育与健康组　宋燕妮

一、教学分析设计

【教材分析】

（1）一个国家的国民体质是其综合国力的重要组成部分，从社会发展的总体趋势看，国民体质的改善和增强是国家经济发展的结果，同时也是社会发展的动力。广大青少年身心健康、体魄强健、意志坚强、充满活力，是一个民族旺盛生命力的体现，是社会文明进步的标志，是国家综合实力的重要方面。中华人民共和国成立 70 多年来，我国体育事业取得了很大成就。群众性体育活动蓬勃开展，参加体育活动的人数不断增加，人民体质与健康状况有了很大改善。其中全民健身计划是以青少年和儿童为重点。各级各类学校要全面贯彻党的教育方针，努力做好学校体育工作；要对学生进行终身体育的教育，培养学生体育锻炼的意识、技能与习惯。为建立健全国家学生体质健康监测评价机制，激励学生积极参加身体锻炼，教育部印发《国家学生体质健康标准（2014 年修订）》，对每个年龄阶段的学生进行测试评定。

（2）我国新一轮基础教育课程改革的核心理念是"以人为本"和"以学生发展为本"，强调学生的全面发展，新课程改革在学习方式上强调自主学习、合作学习、探究学习，在我校课题《基于核心问题的学校课程开发实践研究》的引领下，以核心问题为依托，使学生在解决问题的过程中实施研究和探索，促进其综合素养的提高。

【学生分析】

（1）高一的学生随着文化知识与社会生活知识的积累，已具有一定独特的分析、理解与思考能力，同时具有较强的研究、策划和执行能力。并且有能力综合体育、数学、统计学、计算机、社会调查等学科来对本课程进行研究分析。

（2）高一学生刚刚经历了中考体测和高中入学体质健康测试，对体质健康测试的重要性和测试项目以及测试要求、标准等都比较了解，能够结合研究分析出的数据结果和自身以及周边同学的情况对其结果进行客观的评价并分析出背后的原因。

【目标分析】☞

1. 结果性目标

（1）搜集我校近6年的体质健康数据，通过分析数据，形成体质状况报告。
（2）通过学生对课程的实践探究，学生拟定"成因问卷调查表"。
（3）学生分组进行问卷调查并能根据调查问卷汇总数据，完成一份调查报告。

2. 体验性目标

（1）基于体质健康数据的分析，体验数据、数据分析、分析结论及其成因之间的关联。
（2）在问卷设计与调查活动中，体验调查报告与问卷设计、实施与分析间的关联。

【媒体分析】☞

媒体名称	选用意图
多媒体课件（PPT）	教学辅助；小组展示。
黑板	板书本堂课活动中的关键信息，呈现学生观点。

【核心问题分析】☞

分析我校学生近6年体质健康数据，调研背后成因，撰写调查报告。
问题：（1）我校学生体质健康现状与趋势。
　　　（2）这种现状与趋势形成的原因是什么？
　　　（3）改进的措施是什么？
活动：（1）研究分析近6年的体质健康数据。
　　　（2）调查背后成因。
　　　（3）撰写调查报告。

二、教学实施设计

【教学环节】☞

教学环节	学生活动	教师活动	设计意图
提出问题	回顾课程核心问题：分析近6年我校高中生体质健康数据，调研背后原因，撰写调查报告，明确本节课的学习任务。	引导学生回顾第一、二次课的内容，引导出本节课的学习任务：交流分享数据研究分析的过程及结果，反思背后原因，研讨调查问卷维度。	回忆在第一次课中，学生明确了体质健康的基础知识和体质健康测试的项目和标准，初步阅览近6年本校高中生的体质健康测试数据。由学生自行成立小组，并确定小组负责人。课后组内完成细化分工，在第二次课上积极认真分析数据，课后各小组汇总分析结果。为本节课做好了充分准备。

续表

教学环节	学生活动	教师活动	设计意图
学生活动1	学生以小组为单位,对研究分析的过程、结果以及对结果的反思进行分享交流。	鼓励学生大胆表达,倾听学生的分析内容,肯定学生的研究分析结果。板书学生反思观点。引导学生积极思考,互相学习、取长补短。	学生通过阐述研究分析的过程和结果,进一步深刻体会体质健康的重要性,并能综合体育、数学、统计学、计算机等知识让分析的数据更真实、客观,从而深入地反思其原因。
学生活动2	1. 小组之间互评。(针对同学的数据分析过程、结论、以及反思结论等进行评价。) 2. 归纳总结我校体质健康现状与趋势的原因。	教师引导学生反思提升:做普通的数据分析的方法。首先是按类型分为描述型分析、诊断性分析、预测型分析、指令型分析。其次是按实际要求、目的分为趋势分析、对比分析、交叉分析。引导学生将数据分析运用到学习中。	通过数据分析的方法再深入研究,让学生能将该方法运用到学习和生活中。
学生活动3	研讨"我校学生体质健康数据现状与趋势形成原因"的问卷调查的维度。	引导学生根据自身总结的原因研讨问卷调查维度。	根据学生归纳总结的原因,研讨出问卷调查的一级维度。便于课后各小组设置二级维度与设计问题。同时让调查问卷具有实用性、针对性、全面性。能为之后的课程"提高本校学生体质健康成绩策略研究"打下前期基础。
课堂小结	学生在教师的引导下分配课后任务。(分组分维度进行问题设置,再综合问题形成问卷。)	教师引导学生分配课后任务,并对本节课表现突出的个人和小组进行表扬,希望学生将课题拟定的调查问卷落实,认真调查,仔细整理和统计结果,找到我校学生体质健康状况不理想的真正原因,从而为课程"提高本校学生体质健康成绩策略研究"打下坚实基础。	有针对性地对研究方法、过程及结果给予肯定,并提出有建设性的意见,帮助学生开展实际调查活动。

【评价预设】

提出问题环节:回顾该课程的核心问题"分析近 6 年我校高中生体质健康数据,调研背后成因,撰写调查报告"。学生自己拟定课程的研究方向、过程以及最后要得到一个什么结果。一起回忆前两次课学生们的学习情况,并对各组的认真专注的分析研究精神和状态给予肯定。从而引出本节课的学习任务"交流分享数据研究分析的过程及结果,反思背后成因,研讨调查问卷维度"。

学生活动环节：首先针对学生交流分享的本校近6年的体质健康数据分析结果予以肯定，特别是对学生研究分析的过程和方法给予表扬。学生在分析的过程中可能会从整体成绩或单项成绩或男、女个体成绩去整理数据，这样得出的结果既有全面性，又有单项的针对性，学生在研究分析背后成因时，能更具体、更准确。这时教师应对每个小组合理分工、团结合作的精神进行表扬，同时对所有学生能结合体育、数学、统计学、计算机等学科知识来分析研究的积极性给予表扬。此时引导学生思考普通数据分析的基本方法。其次是学生基于数据结果来反思我校学生体质健康状况逐年下降或不理想的原因。学生可能会从社会、学校、家庭、自身或身边朋友等来反思，教师要引导学生正确分析，同时指导学生研讨"我校学生体质健康现状形成原因"的调查问卷的维度。

课堂小结环节：再次对学生积极认真的研究精神给予高度认可。希望学生对全国青少年体质健康状况下降日益凸显的问题引起高度的重视，将课题拟定的调查问卷落实，认真调查，仔细整理和统计结果，找到我校学生体质健康状况不理想的真正原因，从而为"提高本校学生体质健康成绩策略研究"打下坚实基础。

【板书设计】☞

```
                川大附中学生体质健康状况研究
  1. 学习任务：交流分享数据研究分析的过程及结果，反思背后成因，研讨调查问卷维度
  2. 学生活动      （研究方向）    （分析方法）    （研究结论）    （反思成因）
     小组1：         ……            ……            ……            ……
     小组2：         ……            ……            ……            ……
     小组3：         ……            ……            ……            ……
  3. 归纳成因：
  4. 数据分析方法：
  5. 调查问卷维度：
```

【教学流程】☞

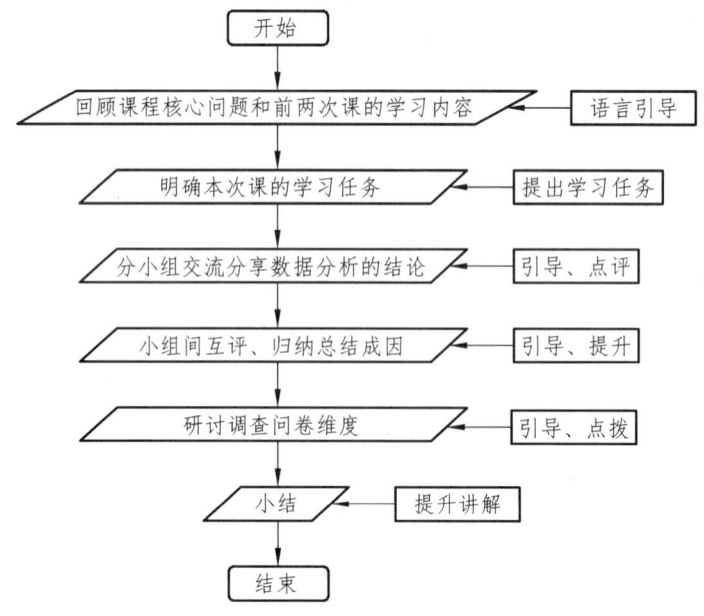

三、教学评价反馈

【信息搜集】 ☞

课后搜集了学生的运用反馈 15 份。

【自我评价】 ☞

核心问题教学评价表

评价目标	评价指标				评价结果
	一级指标	二级指标	三级指标		
实现活动体验中的学习与发展	具有核心问题的教学形态	核心问题利于活动体验	内含学科问题和学生活动方式	8	每项指标最高评8分，合计92分。
			问题情境与真实生活密切相关	8	
			能引发新知识、新方法的生成	8	
		教学目标价值引导恰当	两类目标正确全面	8	
			关联体验目标恰当	8	
			目标价值引导显现	7	
		教学环节完整合理落实	教学环节清晰完整	8	
			环节内容合理充实	7	
			学生活动时间充分	8	
		教学要素相互匹配促进	问题目标环节两两匹配	7	
			技术促进活动形式内容	7	
			学科特点突出氛围浓郁	8	
	具有核心问题的教学实质	拓展学习视野	课堂与现实世界有恰当关联		选择一个表现突出的二级指标，在相应三级指标引导下，以现场学生表现为依据，于本表的第二页写出150字以上的简要评价。
			有基于缄默知识的问题解决		
			有缄默知识运用的追踪剖析		
		投入实践活动	有真实而且完整的实践活动		
			能够全身心地浸渍于活动中		
			活动的内容结果均丰富深入		
		感受意义关联	有核心问题的深层意义感受		
			有以知识为中心的关联感受		
			有以个人为中心的关联感受		
		自觉反思体验	有实质性反思活动的开展		
			有课堂新因素的追踪利用		
			有体验的交流与改善重构		

续表

评价目标	评价指标			评价结果
	一级指标	二级指标	三级指标	
实现活动体验中的学习与发展	具有核心问题的教学实质	乐于对话分享	乐于自我表达与认真倾听	
			乐于合作中成果与思路的分享	
			有宽容的对话氛围和多向交流	
		认同体验评价	认可体验评价	
			参与体验评价	
			利用体验评价	

核心问题教学实质的简要评价：

本节课较为凸显的是"投入实践活动"这一核心问题教学实质。

首先，对每个小组积极参与、认真专注的分析研究精神和状态给予肯定。例如，陈青阳同学说："我们组的同学大多数都是被调配到该课程的，刚开始很不接受和很不喜欢。但从上第一次课——《体质健康基础知识》开始，我在老师的引导下就有一种想去深入了解体质健康测试背景、项目、标准等知识的冲动，更有一种想去了解我校近几年体质健康现状的渴望。特别是在数据整理与数据分析的过程中，我深深体会到数学知识、计算机知识在这个课程中的重要性，我渴望通过这些知识的提升将数据分析得更准确、更细致。因此在参与课程研究的过程中我越来越有兴趣，我们组也越来越认真。"再如，朱修同同学说："这几年全国青少年体质健康状况逐年下降，我想通过我们自己的研究分析，看看我校体质健康状况如何。"由此可以看出学生是带着目的来参与活动的，那么自然而然地，他们的实践活动是积极的、自主的、全身心投入的。

其次，是每个小组的活动过程是真实并且完整的。三个小组都有各自的数据分析研究特点，一小组首先明确数据分析的方向，主要从身高体重和耐力项目（男生1 000米、女生800米）这两个大项去整理6年的数据，然后各自分工，两名学生负责一项数据，通过数学、计算机、统计学等知识进行研究分析。二小组从整体成绩入手进行数据统计，同时该组有一名学生引体向上一直不及格，他想看看该项目到底现状如何，因此他们组还选了引体向上这个项目进行分析。三小组的与众不同之处是他们把研究分析的对象放到了个体身上，找到几个学生3年的各项成绩进行对比分析，从而找出体质健康的发展趋势。

最后，对每个小组分析研究的成果给予高度的评价。学生的PPT中都通过饼状图、柱状图和各种数据对比直观地呈现出我校体质健康的现状与发展趋势，并且各小组也对该现状进行了深入的分析和反思。最值得一提的是学生在数据整理和分析的过程中研究出了数据分析的基本方法。例如，描述型分析（指发生了什么）、诊断型分析（为什么会发生）、预测型分析（将会发生什么）、指令型分析（着重措施的指定）。在归纳总结出这些分析方法的同时，学生还在分析的过程中运用了趋势分析、交叉分析及对比分析等手法，使分析结果更直观、更准确和更有针对性。

【反馈调整】☞

针对课后评议及学生反馈情况，进行反馈调整。

体验性目标点检测表

课题名称	川大附中学生体质健康状况研究			
核心问题	分析我校学生近6年体质健康数据，调研背后成因，撰写调查报告。			
检测点	川大附中体质健康现状及趋势。			
检测工具（题）	各小组PPT成果展示。			
检测统计（学生总人数：15人）	分类等级	分类标准	学生人数	百分比/%
	A	明确的研究方向、正确的分析方法、准确的数据分析结论和有关联性的背后成因。	10	67
	B	明确的研究方向、合适的分析方法、较准确的数据分析结论，能找出背后成因	5	33
	C	有研究方向和分析方法，得出数据分析结论，寻找背后成因	0	0
	D	有研究方向和分析方法，得出数据分析结论	0	0
检测分析	学生们都是先有了明确的研究方向和细化的组内分工才进行数据整理和分析。并且在分析的过程中运用正确的数据分析方法进行分析，同时准确地分析出我校学生体质健康现状和趋势。有两个组的学生能根据社会、学校、家庭、自身或身边朋友等情况进行深入反思，找到现状的原因。			
学生深度体验典型实例	陈青阳同学说："我们组的同学大多数都是被调配到该课程的，刚开始很不接受和很不喜欢。但从上第一次课——《体质健康基础知识》开始，我在老师的引导下就有一种想去深入了解体质健康测试背景、项目、标准等知识的冲动，更有一种想去了解我校近几年体质健康现状的愿望。特别是在数据整理与数据分析的过程中，我深深体会到数学知识、计算机知识在这个课程中的重要性，我渴望通过这些知识的提升把数据分析得更准确、更细致。因此在参与课程研究的过程中我是越来越有兴趣，我们组是越来越认真。" 朱修同同学所说"这几年全国青少年体质健康状况逐年下降，我想通过我们自己的研究分析，看看我校体质健康状况如何"。 刘思萌同学在进行数据整理和分析的过程中，多次单独请教计算机刘老师如何制作柱状图、饼状图以及柱状图和折线图的重合该怎么操作。并且在课余时间，小组的同学还一起研究讨论如何去分析数据和归纳总结结果，并找到与结果关联的成因			
检测反馈	将每组的PPT，再次给学生展示，对每组的优点给予肯定。学生对不足之处相互提出建设性的意见，并修改。			

信息组

- 设计的表达与交流——三视图的绘制　唐　凌
- 用智能工具处理信息　苏　梅
- 插入排序　刘体斌
- 冒泡排序　宋德洪
- 设计的表达与交流　金　钊
- Word中文字与段落操作技能　周大立
- 计算机病毒　杨　洋

设计的表达与交流——三视图的绘制

信息组 唐 凌

一、教学分析设计

【教材分析】

本课是对高中通用技术教材《技术与设计1》第三章第三节《设计的表达与交流》内容的拓展延伸。本节课内容根据教材对三视图的具体要求，结合"木制魔方"项目的需要，要求学生认真严谨地表达本小组的魔方设计方案。

【学生分析】

通过前面的设计，各小组学生已经设计了本组魔方的草图，但如何才能把方案设计用规范的技术语言表达出来，学生仍面临不小的困难。另外，虽然学生在数学课上曾经学习过三视图的绘制，但技术图纸对三视图的要求远远高于数学课上对于三视图的要求。

【目标分析】

1. 结果性目标

（1）理解三视图的形成原理，熟悉三个视图之间的关系；

（2）了解并掌握绘制三视图的基本要求，学会画简单的三视图。

2. 体验性目标

在三视图的绘制过程中，体验三个视图之间的位置和大小的关系。

【媒体分析】

多媒体课件：呈现整堂课的进程。

实物投影仪：展示学生作品，方便学生对自己作品的阐述与解说。

【核心问题分析】

绘制简单三视图，说出三个视图之间的位置和大小关系。

二、教学实施设计

【教学环节】

教学环节	教师活动	学生活动	设计意图
提出问题（约5分钟）	创设情境：回顾三视图的相关知识。 提出核心问题：绘制简单三视图，说出三个视图之间的位置和大小关系。	思考，回顾。 思维与情绪定向。	通过回顾以前的知识，唤醒缄默知识和显性知识，为新知的生长预热。 明确任务，学生完成思维与情绪上的定向。
解决问题（约10分钟）	展示简单物品，请学生绘制出它的三视图。 教师巡视，对学生在绘制过程中碰到的典型问题进行现场搜集。	观察、绘制三视图。	学生应用已有的知识尝试解决问题。
	展示搜集到的学生作品，组织全班讨论。	观察分析，讨论评价，指出其优缺点，发现问题与不足。	在观察他人的作品中，发现自己的不足。
	提炼出绘制三视图的基本规范：长对正，高平齐，宽相等。	思考，重塑绘制三视图的流程与规范	明确三视图的规范要求。
反思提升评价总结（约15分钟）	绘制简单机械零件的三视图。	观察、分析、规范绘制三视图。	机械零件比数学课上的三视图物品要复杂，学生要学会观察与分析。
	展示学生的作品，组织讨论评价。	观察、思考、讨论作品的优劣。	在讨论过程中，学生间思维碰撞，激发出其对如何准确绘制出机械零件的三视图的思考。
	总结得出绘制简单机械零件的三视图的步骤：①分析零件结构组成；②布置三个视图的图面位置；③绘制轮廓；④细节描绘；⑤整理图面，擦去作图痕迹。	思考，习得新知，绘图技能得到提升。	面对较为复杂的机械零件，分析结构组成尤其重要。
运用反馈（约10分钟）	根据本小组魔方设计的草图，绘制出规范的每个构件的三视图。	组内分析讨论，思考如何把草图设计变成三视图展现出来。	三视图的绘制，展现了设计的规范性，是魔方设计中的重要组成部分。把魔方项目作为本节内容的运用，使项目与教学内容更紧密地结合在一起。

【评价预设】☞

本节课课堂教师评价及学生评价围绕三视图绘制中出现的各种问题展开，主要是体现设计的规范性。

（1）提出问题环节：针对学生已有的相关知识给予鼓励性评价，激发学生重新整合已有知识。

（2）解决问题环节：针对学生对于三视图的模糊认识，侧重于提示性评价。

（3）反思提升环节：对于学生探索较为复杂物品的三视图绘制，以肯定性评价为主，提示性评价为辅，同时鼓励学生勇于总结提炼经验所得。

（4）运用反馈环节：评价侧重于鼓励学生把草图转化为规范的三视图。

【板书设计】☞

三视图的绘制	（副板书）
核心问题：绘制简单三视图，说出三个视图之间的位置和大小关系。	
一、基本规范：长对正，高平齐，宽相等。 二、基本步骤：1.分析零件结构组成；2.布置三个视图的图面位置；3.绘制轮廓；4.细节描绘；5.整理图面，擦去作图痕迹。	学生讨论交流内容。

【教学流程】☞

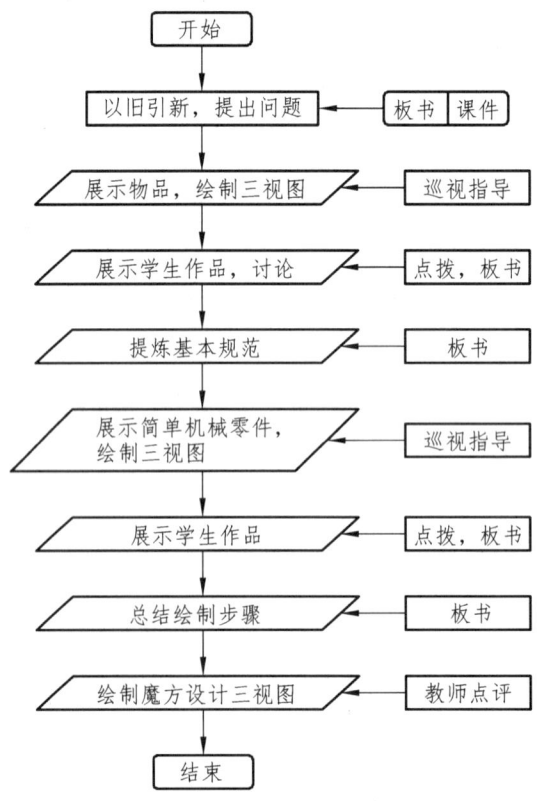

三、教学评价反馈

【信息搜集】

课后搜集全班学生的运用反馈练习 30 份，对搜集到的 30 份学生运用反馈练习基于关联体验目标达成情况进行了批阅与分类，在此基础上完成了"体验性目标点检测表"。

【自我评价】

核心问题教学评价表

评价目标	评价指标			评价结果
	一级指标	二级指标	三级指标	
实现活动体验中的学习与发展	具有核心问题的教学形态	核心问题利于活动体验	内含学科问题和学生活动方式	7
			问题情境与真实生活密切相关	7
			能引发新知识、新方法的生成	7
		教学目标价值引导恰当	两类目标正确全面	7
			关联体验目标恰当	7
			目标价值引导显现	7
		教学环节完整合理落实	教学环节清晰完整	7
			环节内容合理充实	7
			学生活动时间充分	7
		教学要素相互匹配促进	问题目标环节两两匹配	7
			技术促进活动形式内容	7
			学科特点突出氛围浓郁	7
	具有核心问题的教学实质	拓展学习视野	课堂与现实世界有恰当关联	
			有基于缄默知识的问题解决	
			有缄默知识运用的追踪剖析	
		投入实践活动	有真实而且完整的实践活动	
			能够全身心地浸渍于活动中	
			活动的内容结果均丰富深入	
		感受意义关联	有核心问题的深层意义感受	
			有以知识为中心的关联感受	
			有以个人为中心的关联感受	
		自觉反思体验	有实质性反思活动的开展	
			有课堂新因素的追踪利用	
			有体验的交流与改善重构	

每项指标最高评 8 分，合计 84 分。

选择一个表现突出的二级指标，在相应三级指标引导下，以现场学生表现为依据，于本表的第二页写出 150 字以上的简要评价。

评价目标	评价指标			评价结果
	一级指标	二级指标	三级指标	
实现活动体验中的学习与发展	具有核心问题的教学实质	乐于对话分享	乐于自我表达与认真倾听	
			乐于合作中成果与思路的分享	
			有宽容的对话氛围和多向交流	
		认同体验评价	认可体验评价	
			参与体验评价	
			利用体验评价	

核心问题教学实质的简要评价（包括发展性建议）：

本节课凸显了核心问题教学中"投入实践活动"这一教学实质。在提出问题环节，随着核心问题的解读，学生清楚了本课的活动任务。在解决问题环节，学生利用已有的三视图知识，独立完成核心任务，解决核心问题，全身心地投入解决问题的过程中；伴随着教师对部分学生作品的展示，学生自觉地将数学课上学到的三视图相关知识应用到对学生作品的评价中，进一步加深了相关知识理解和运用，重塑绘制三视图的流程与规范，不断地体验三个视图在位置大小等方面的关联。在反思提升环节，教师拿出一个机械零件的实物模型，学生在原有的知识基础上面临新的挑战，自觉地探索解决新问题的思路。师生共同总结得出绘制简单机械零件的三视图的步骤，再次加深了主、俯、左三个视图之间的关联体验。在应用反馈环节，虽然没有了实物模型的参考，但学生对三个视图的关联已经有了较为深刻的体验，同时对于自己设计魔方构件有了充分了解，学生可以较为顺利地把头脑中的蓝图展现在学案上。

从收到的全班运用反馈练习来看，有85%的学生能在规定时间内，完全正确地绘制出自己的魔方构件三视图，完全正确地体验到三个视图之间的位置大小关系。这样的效果应该归功于学生在课堂上全身心地投入真实问题情境中解决问题，不断加深对于三个视图的关联体验。

【反馈调整】☞

针对前述基于搜集信息的检测分析情况，准备做如下反馈调整：

（1）对于本节课中未能完全正确体验到关联的学生。请他们认真订正自己的绘图，必要时提供个性化的单独帮助，促进这部分学生进一步认识到三个视图的关联，能够正确绘制出合格规范的三视图。

（2）对于绘图态度不够认真的学生。在学生的运用反馈中，发现有一小部分学生未养成基本的绘图习惯，如不使用铅笔绘图，不用刻度尺规范绘图，尺寸大小差距大等情况。针对这部分学生，后续将提出更加严格的要求，引导他们调整、改进，逐步养成遵守规范、严谨的技术素养。

体验性目标点检测表

课题名称	三视图的绘制			
核心问题	绘制简单三视图，说出三个视图之间的位置和大小关系。			
教学目标	结果性目标	1. 理解三视图的形成原理，熟悉三个视图之间的关系； 2. 了解并掌握绘制三视图的基本要求，学会画简单的三视图。		
	体验性目标	在三视图的绘制过程中，体验三个视图之间的位置和大小的关系。		
检测点	检测学生对三个视图位置大小关系的认识。			
检测工具（题）	根据本小组魔方设计的草图，绘制出规范的每个构件的三视图。			
检测统计（学生总人数：30人）	分类等级	分类标准	学生人数	百分比/%
	A	能规范准确地绘制出各个构件的三视图。	26	86.6
	B	能基本规范准确地绘制出各个构件的三视图，三个视图位置正确。	3	10
	C	能绘制出各个构件的三视图，位置、大小、比例可能出现不当。	1	3.3
	D	不能绘制出三视图。	0	0
检测分析及结果运用	从学生关联体验目标的达成程度来看，全班有86.6%的学生能在规定时间内完全正确地绘制出自己的魔方构件三视图，完全正确地体验到三个视图之间的位置大小关系。仅1名学生在绘制三视图时位置不当。因此本课体验性目标达成较好。 从学生结果性目标的达成情况来看，由于课堂学习过程中体验目标的良好达成，学生都能绘制出三视图，结果性目标达成度也是很好的。 当然，有4名学生在绘制三视图的过程中未达到完全的规范、准确、严谨，这说明这些学生在深度体验的过程中还存在一些问题，这需要在后续教学中解决并加以改进。			
学生深度体验典型实例	杨燕瑜			

学生深度体验典型实例	吴采翼 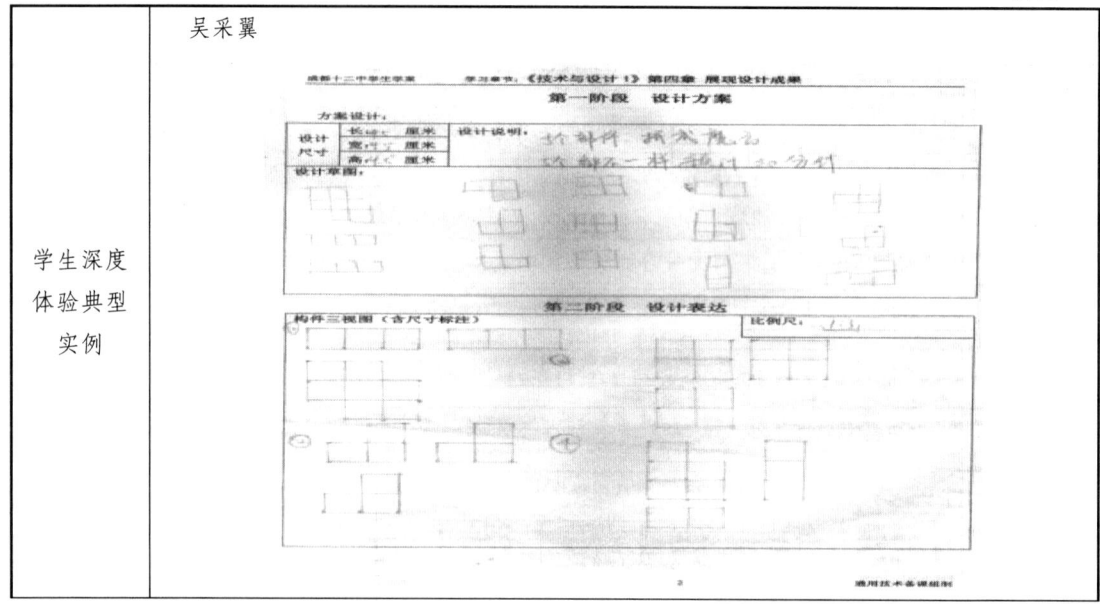

用智能工具处理信息

信息组　苏　梅

一、教学分析设计

【教材分析】

《用智能工具处理信息》是广东教育出版社出版的《信息技术基础（必修）》第四章第二节的内容，根据学生的实际情况和教学的需要，我对教材内容进行了重组，目的是让学生通过智能信息处理工具软件的使用，体验智能信息处理工具的基本工作过程，形成初步的感性认识，了解其实际应用。

【学生分析】

大部分学生都比较喜欢科幻故事，对故事中的"机器人"等具有人类智慧的机器充满了好奇，想探索其中的奥秘。针对学生的好奇和兴趣，通过展示我们生活中人工智能的应用实例，简要剖析个中奥秘，让学生打破"人工智能"的神秘感，引领学生进入一个奥妙无穷的领域。

高一年级学生已经具备了一定的计算机使用经验，但大多数学生都是局限于常用工具软件以及网络应用，对于信息智能处理工具软件的使用，个别学生具有一定的使用经验，如使用翻译软件、手写板输入等。

【目标分析】

1. 结果性目标

了解人工智能的概念，了解人工智能技术的应用领域。通过对模式识别的一般过程的探究，理解智能工具处理信息的方式。

2. 体验性目标

通过对人类识别过程与智能工具识别过程的对比，获得人类智能与人工智能之间的关联体验。通过智能模式识别过程与自然语言理解过程的对比，获得智能模式识别与自然语言理解之间的关联体验。

【媒体分析】☞

1. 传统教学媒体

黑板：用于板书任务，整理学生发言，展示学生活动及思维的路径，反思归纳知识要点。

2. 现代教学媒体

PPT课件：展示教学内容及素材；
网络展示控制平台：用于学生机房中广播演示教学课件、分发学习资料；
网络资源：在线翻译、人机对话网站资源，用于学习活动体验和探究；
文件上传及评价平台：搜集学生学案，便于课后检测评价及教学反思。

【核心问题分析】☞

（1）核心问题：用"文通慧视小灵鼠"对鼠标输入的文字进行识别，归纳智能模式识别的一般过程。

（2）设计思想：本节课教学的主要目标是让学生体验用智能工具处理信息，探究智能工具的一般工作过程，理解人工智能处理信息的方式，正确认识人工智能与人类智能的关联与区别。为达成教学目标，让学生获得真实的体验和较为全面的理解，针对教材编制时间久远，涉及的人工智能应用案例已经与现实脱节的情况，我重新组织了教学资源。选择了网上方便下载的免费绿色小软件"文通慧视小灵鼠"，让学生体验用鼠标输入文字，电脑识别的过程。选择了在线翻译网站和机器人对话网站，让学生体验自然语言识别的过程。并设计了核心问题：用"文通慧视小灵鼠"对鼠标输入的文字进行识别，归纳智能模式识别的一般过程。通过核心问题的解决，帮助学生归纳和理解模式识别的过程。在核心问题解决后的应用反馈环节，体验和理解自然语言识别的过程。用核心问题串联起整个教学过程，核心问题各环节涉及的探究活动驱动学生步步深入，获得关于人工智能领域的信息处理方式的体验和理解。从而发展学生的计算思维和数字化学习与创新的信息技术学科核心素养。

二、教学实施设计

【教学环节】☞

教学环节（时间）	学生活动	教师活动	设计意图
提出问题	观察看视频，进入问题情境和解决问题的状态。解读理解核心问题。	播放电影《人工智能》片段，引入本节的主题"人工智能"，并提出人工智能的概念。出示核心问题：用"文通慧视小灵鼠"对鼠标输入的文字进行识别，归纳智能模式识别的一般过程。引导学生解读核心问题。	明确本节课的学习任务，营造问题情境，激发探究欲望。

续表

教学环节（时间）	学生活动	教师活动	设计意图
解决问题	活动一：智能鼠标输入汉字 1. 运行文通慧视小灵鼠软件。 2. 尝试完成学案任务一里的文字输入，看看输入文字识别率如何。 3. 小灵鼠不容易识别的文字是哪些，它们都有什么特点？	巡视、指导、答疑。	体验小灵鼠输入并识别汉字智能工具的应用，观察不易识别的文字特征，以便梳理识别的环节和过程。
	活动二：心有灵犀，你写我知 1. 两人一组，在背后写字，猜所写字为何字？ 2. 思考：你是如何识别汉字的？有哪些环节，经过了哪几个过程？ 3. 活动类比：讨论鼠标滑动输入、电脑自动识别文字的环节和过程。 4. 师生讨论用鼠标输入并识别汉字的环节和过程。	巡视、指导、组织讨论；板书学生讨论内容，梳理鼠标输入并识别汉字的环节和过程。	通过人类识别的过程，类比人工智能模拟人类智能的环节和过程。
反思提升	了解人工智能领域模式识别的其他应用，总结归纳模式识别的一般过程。	介绍人工智能领域模式识别的其他应用，对比鼠标输入并识别汉字的环节和过程，归纳模式识别的一般过程。	师生共同对问题解决活动进行反思，总结归纳出模式识别的一般过程，帮助学生通过体验人类智能与人工智能关联，获得人工智能处理信息的方式的体验和理解。
运用反馈	活动三：通过网络与机器人对话，分析实现智能对话的主要功能环节。 1. 访问 http://i.xiaoi.com/ 与机器人小i对话。 2. 思考：你觉得与你对话的机器人朋友聪明吗？在对话的过程是否出现过答非所问的现象？ 3. 分析：小i实现对话的主要功能环节。	解读活动三的要求，巡视、指导、组织讨论。板书讨论内容，归纳自然语言理解的过程。	学生运用模式识别过程分析获得的方法，解决自然语言理解过程探究，实现知识的应用与迁移，进一步获得人类智能与人工智能关联的体验。

【评价预设】

提出问题环节：电影片段激发了学生对人工智能过程的探究欲望，但学生可能因为对人工智能的了解不足，而感到太高深，出现畏难情绪。因前面学习的知识都没有涉及人工智能领域，学生在梳理归纳模式识别过程时有些无从下手。需要教师引导和搭建脚手架，帮助学生理解。

解决问题环节：教师在学生独立完成学案和两人小组讨论的活动巡视中，针对学生完成情况，给予个别有针对性的指导点拨。指导学生运用类比思维，关注人工智能与人类智能的关联，从而通过知识的迁移，解决问题。

反思提升环节：教师的评价要引导学生基于对核心问题的理解及解决问题中的活动体验进行反思，生成关于人工智能、模式识别、模式识别应用与模式识别一般过程等概念的理解，获得模式识别应用领域的关联体验，获得人工智能与人类智能的关联体验。

运用反馈环节：为进一步强化学生关人工智能与人类智能关联的体验，将本节课的应用反馈确定于运用自然语言理解智能工具，归纳自然语言理解的一般过程。重点检测学生能否应用人类智能与人工智能进行类比，解决运用反馈的问题，来判断体验性目标的达成度。

【板书设计】

4.2 用智能工具处理信息

核心问题：用"文通慧视小灵鼠"对鼠标输入的文字进行识别，归纳智能模式识别的一般过程。

一、提出问题

二、解决问题

1."小灵鼠"不识别的字有：……

特点：……

2. 人通过背部感知并识别汉字的过程：……

3."小灵鼠"识别汉字的环节和过程

鼠标写—信息读入—预处理—笔画识别—特征匹配（特征库）—显示汉字

三、反思提升

智能模式识别的一般过程：

样品采集—信息数字化—预处理—数据特征提取—标准标式比较（特征库）—识别数据

四、应用反馈

完成学案活动三。

自然语言理解的一般过程：

语音提取—语音识别—语音释译—语音组合—语音输出

结束语：人工智能世界将由同学们去创造！

【教学流程】

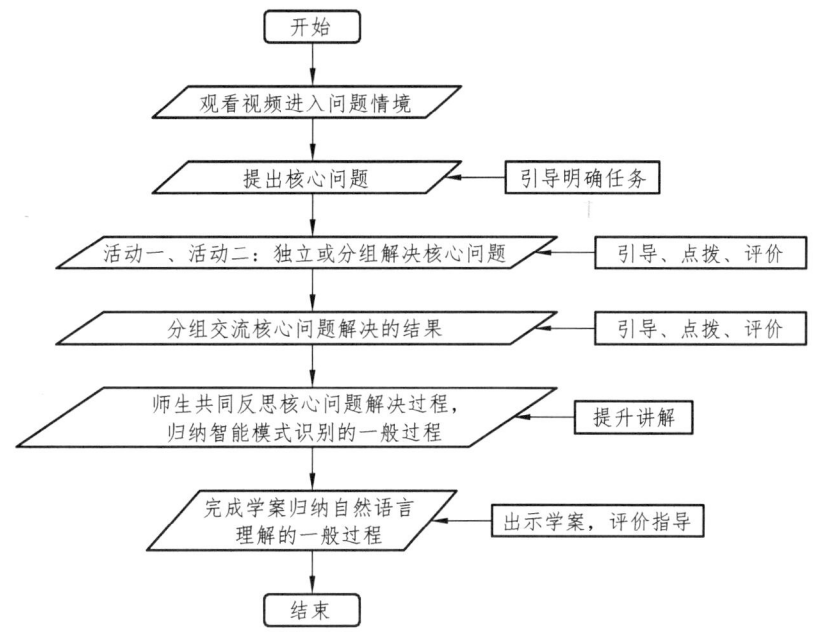

三、教学评价反馈

【信息搜集】

课后整理了全班学生提交的学案 42 份，对这 42 份学案，运用反馈练习活动基于正确率及关联体验目标达成情况进行了分类批改。

【自我评价】

核心问题教学评价表

评价目标	评价指标			评价结果
	一级指标	二级指标	三级指标	
实现活动体验中的学习与发展	具有核心问题的教学形态	核心问题利于活动体验	内含学科问题和学生活动方式	8
			问题情境与真实生活密切相关	7
			能引发新知识、新方法的生成	7
		教学目标价值引导恰当	两类目标正确全面	8
			关联体验目标恰当	8
			目标价值引导显现	7
		教学环节完整合理落实	教学环节清晰完整	7
			环节内容合理充实	7
			学生活动时间充分	7

每项指标最高评 8 分，合计 87 分。

续表

评价目标	评价指标			评价结果
	一级指标	二级指标	三级指标	
实现活动体验中的学习与发展	具有核心问题的教学形态	教学要素相互匹配促进	问题目标环节两两匹配	7
			技术促进活动形式内容	7
			学科特点突出氛围浓郁	7
	具有核心问题的教学实质	拓展学习视野	课堂与现实世界有恰当关联	选择一个表现突出的二级指标，在相应三级指标引导下，以现场学生表现为依据，于本表的第二页写出150字以上的简要评价。
			有基于缄默知识的问题解决	
			有缄默知识运用的追踪剖析	
		投入实践活动	有真实而且完整的实践活动	
			能够全身心地浸渍于活动中	
			活动的内容结果均丰富深入	
		感受意义关联	有核心问题的深层意义感受	
			有以知识为中心的关联感受	
			有以个人为中心的关联感受	
		自觉反思体验	有实质性反思活动的开展	
			有课堂新因素的追踪利用	
			有体验的交流与改善重构	
		乐于对话分享	乐于自我表达与认真倾听	
			乐于合作中成果与思路的分享	
			有宽容的对话氛围和双向交流	
		认同体验评价	认可体验评价	
			参与体验评价	
			利用体验评价	

核心问题教学实质的简要评价：

本节课核心问题教学实质较为凸显的二级指标是"自觉反思体验"。

学生在解决问题、反思提升和应用反馈环节的体验中，通过三个活动，促进学生的体验及反思层层深入。

在解决问题环节，通过"小灵鼠输入汉字"和"你写我猜"两个活动，让学生充分体验鼠标输入识别汉字和人的背部感觉识别汉字的过程，在分别对两个活动进行反思总结的基础上，用类比的方法进行再反思，归纳总结出鼠标输入识别汉字的过程，这样的类比反思因为有实质性反思活动的开展，而使得学生在深度体验的基础上进行深入反思，在知识迁移的过程中构建新知。

在反思提升环节，师生对问题解决过程进行反思，仍然是通过类比的方式和小组之间的总结交流进行反思，归纳出智能模式识别的一般过程，使得反思既有体验的交流，又促进了改善与重构。在应用反馈环节，通过活动三，在与机器人小i对话的过程进行观察，体验智能机器人小i的"聪明"与"笨拙"，在此基础上，梳理出自然语言理解的一般过程。整节课通过三个活动，促进学生的反思真实发生，层层深入，较为凸显"自觉反思体验"的核心问题教学实质。

【反馈调整】☞

体验性目标点检测表

课题名称	用智能工具处理信息		
核心问题	用"文通慧视小灵鼠"对鼠标输入的文字进行识别，归纳智能模式识别的一般过程。		
教学目标	结果性目标	了解人工智能的概念、了解人工智能技术的应用领域。通过对模式识别的一般过程的探究，理解智能工具处理信息的方式。	
	体验性目标	通过对人类识别过程与智能工具识别过程的对比，获得人类智能与人工智能之间的关联体验。通过智能模式识别过程与自然语言理解过程的对比，获得智能模式识别与自然语言理解之间的关联体验。	
检测点	智能模式识别与自然语言理解之间关联的体验。		
检测题目	通过网络与机器人对话，分析实现智能对话的主要功能环节。		
分类标准	A．能分析出自然语言理解的主要五个环节；五个环节的描述准确；各环节执行过程顺序正确；能正确描述主要环节执行过程。		
	B．A类中有一项描述不正确。		
	C．A类中有两项描述不正确。		
	D．A类中有三项及以上描述不正确。		
检测统计（学生总人数：42人）	分类等级	学生人数	百分比/%
	A	20	47.62
	B	11	26.19
	C	9	21.43
	D	2	4.76
检测分析及结果运用	从检测统计数据来看，教学目标达成情况较好。有47.62%的学生能在新的智能交互场景中，体验人工智能工具的特点、优势和不足，能通过类比法实现知识的迁移，准确地分析出自然语言理解的一般过程，这说明他们对于模式识别与自然语言理解之间的关联体验是比较深入的。有26.19%的学生能在新的智能交互场景中，体验人工智能工具的特点、优势和不足，能通过类比法实现知识的迁移，部分准确地分析出自然语言理解的一般过程，他们对于模式识别与自然语言理解之间的关联有一定的体验，但体验不是很深入。有21.43%的学生在新的智能交互场景中能体验人工智能工具的特点、优势和不足，但在用类比法实现知识的迁移的过程中，分析自然语言理解的一般过程不准确，他们对于模式识别与自然语言理解之间的关联略有体验。有4.76%的学生在新的智能交互场景中能部分体验人工智能工具的特点、优势和不足，但无法用类比法实现知识的迁移，不能正确分析出自然语言理解的一般过程，他们对于模式识别与自然语言理解之间的关联体验不足。		

续表

检测分析及结果运用	针对检测数据分析的结果，在后续的教学中，为学生提供更多的智能工具与人类智能之间的关联，以及智能工具间关联的体验，对个别体验不足的学生，以个别辅导的形式，帮助体验，形成关联认识。
学生深度体验典型实例	自然语言理解的一般过程： 语音提取—语音识别—语音释译—语音组合—语音输出
检测反馈	在后一节课中，教师对学案活动三进行了讲解，加深理解。课后，对得 D 的两位学生进行个别的辅导。

插入排序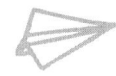

信息组　刘体斌

一、教学分析设计

【教材分析】

广东版教材选修1《算法与程序设计》中，将常见的算法，包括排序算法安排在第四章。教材用未排序的数据和已排序的数据进行查找，用查找的次数说明已排序数据进行查找更快速、高效，从而引出排序，进而让学生掌握排序算法及程序实现。排序算法有多种，考虑到中学生的基础，教材选择了选择排序和插入排序。教材基于这两种算法都是按照传统的问题分析、设计算法、编写程序、调试程序的过程进行设计和教学的。多重循环的设计一直是教材中的难点，其中的排序算法更是应用多重循环的重难点之一。

【学生分析】

本节课的教学对象是高一年级学生，由于学科特点，学生关注度不如其他学科，根据经验，学生对于程序理论性比较强的知识遗忘度高，前一节课的知识点到本节课几乎忘记大半。因此，仅仅让学生记住知识点是不够的，还应更多关注学生形成这个知识点的思维过程，从而让学生记得更牢、更持久。学生通过对教材前期知识的学习，能够编写基本的、简单的顺序结构、选择结构、循环结构的程序。但对于复杂的问题，需要选择、循环（特别是多重循环）结合使用时编程有一定的难度，同时学生刚学数组，对于数组的操作比较生疏，在程序的调试纠错环节，学生的操作也有相当的难度。但学生也清楚地认识到，计算机之所以有这么强大的数据处理能力，能有序、高效、快速地解决问题，是与程序员精心编写的程序代码紧密相关的，许多学生有兴趣、有信心，也想一试身手，用自己编写出来的程序解决问题，以期获得成功的愉悦感。

【目标分析】

1. 结果性目标

能准确描述插入排序算法；正确分析、编写、运行、调试插入排序程序。

2. 体验性目标

在分析和编写插入排序的活动中，体验外层循环变量和内层循环变量及数组之间的关联；体验综合运用顺序、选择、循环的关联。关联生活中的数据，体验数据处理（排序）在数据分析中的重要性。

【媒体分析】☞

黑板：板书核心问题、排序算法描述、排序基本框架、反思提升要点。
PPT：情境创设图示、排序算法探究、练习题展示。
计算机：学生编写、运行、调试程序；提交电子作业。

【核心问题分析】☞

核心问题：观图领悟排序算法，探究程序实现。

基于教材分析和学生分析，确定本节课的重难点是通过观图领悟插入排序的基本方法，在此基础上探究插入排序算法的具体程序实现，并让学生认识到排序是数据处理中非常重要的一种形式，对于后续的数据分析、发现事物的本质、解决问题都是非常重要的。

学生观图悟法后，虽然学生能用文字准确描述出插入排序算法，但要能真正完成其程序代码，仍有很大的难度，所以在程序的具体实现过程中，必须要进行学生之间、师生之间的一个探究过程，要深度挖掘插入排序的具体实现过程，要让学生掌握一种由繁变简的解决问题的思想方法。让学生弄清楚外层循环解决了什么问题，内层循环又解决了什么问题，从而真正理解插入排序解决问题的过程。真正理解外层循环变量与内层循环变量以及与数组之间的关联关系。进而达到程序实现。

学生在完成了课堂的核心问题后，师生进一步挖掘插入排序的程序实现中的关键要点：插入多少个新元素？在已排序数组什么范围内找插入新位置？排序元素如何依次移动？从而对内外层循环变量以及与数组之间的关联关系有一个正确的理解。排序是数据处理的一种方法，而插入排序也只是排序多种方法中的一种。生活中，我们之所以要进行数据的处理，是因为一些看似没有规律的数据，经过我们一定的数据处理后，能观察数据之间的联系、数据变化的规律，便于我们比较准确地认识事物的本质。也为我们对事物未来的发展做出比较科学的预测和建议提供了可靠的事实依据。因此，教师希望通过探究插入排序，提升学生的认识：数据处理在信息应用、数据分析中的重要意义。

为了让学生更深层次地了解插入排序算法的具体程序实现，检测学生掌握插入排序算法的情况，课堂上安排了几道练习检测题，主要检测学生对插入排序算法的理解、内外层循环变量及与数组关联关系以及锻炼学生分析处理后的摩拜数据成因的能力。

二、教学实施设计

【教学环节】

教学环节	学生活动	教师活动	设计意图
提出问题	进入情境，学生思考。学生观察，回答问题。观察思考，明确任务。	创设情境：百度搜索引擎搜索原理，用数据说明数据处理的重要性，引出排序。 展示：生活中的排序现象。 排成一行的人：引出排序依据。 种类：顺序、逆序。 展示：插扑克牌。 提出核心问题：观图领悟排序算法，探究程序实现。	激发学生兴趣，调动学生思维，明确学习任务。
解决问题	观察思考，小组探究。学生思考，回答问题。学生完成编程。	悟"法"：以一句或两句描述该排序方法。 算法：依次放置新元素到"已排好序的"适当位置。 （或）依次插新数，使之有序。 （或）一边插数，一边排序。 探究程序的实现： 初步探究：繁→简。 插入第2个数据， 插入第3个数据， …… 插入第n个数据。 进一步探究：简→易。 "插入第?个数据"包含哪三个基本的操作？ ①找到插入的位置，②插入点及此后数据的后移，③插入。 便于理解，将数据放置于d数组中的1到10序号的数组元素中。 探究①找到插入的位置k。 探究②插入点及此后数据的后移，即依次执行d(j)=d(j-1)。 探究③插入，即d(k)=新数据d(i)。 教师巡视、指导。	观图、调动学生思维，领悟插入排序算法，并运用由繁至简的思维分解任务，运用由简至繁的解决问题的方法最终达到插入排序算法的程序实现。

教学环节	学生活动	教师活动	设计意图
反思提升	学生思考体验感悟数据处理。评析半期考试成绩数据处理分析。	插入排序算法要点： ① 外层循环意义及循环次数确立。 ② 内层循环意义及内层循环变量值与外层循环变量值的关联。 ③ 数组元素对应序号与内外层循环变量的关联。 演示学生半期考试成绩分析过程。 数据处理在数据应用中的重要意义。	引导学生提高认识，理解排序在数据分析中的重要意义。
运用反馈	学生运用所学完成插入排序的相关程序题。	程序习题练习，教师评析。 摩拜单车图示，教师评析。	检测学生排序知识应用和分析数据的能力。

【评价预设】

提出问题环节：用学生非常熟悉的"百度"介绍百度搜索技术，利用数据说明搜索结果有这么快速的反应与搜索关键词的预处理——排序紧密相关。从而引导学生的思维聚焦于排序。以生活中常见的一些排序现象引出排序的多种方法，并选择一个，通过观图的形式领悟这种排序的方法，并激发学生利用所学的 VB 语言来实现，满足学生自身的成就感。

解决问题环节：学生观图悟法后，虽然能用文字准确描述出插入排序算法，但要能真正完成其程序代码，仍有很大的难度。所以在程序的具体实现过程中，必须要进行学生之间、师生之间的一个探究过程，深度挖掘插入排序的具体实现过程，在让学生掌握一种由繁变简的解决问题的探究过程中，针对学生现场生成的问题进行引导性评价。对学生利用以前所学知识实现分解任务的程序进行鼓励性评价。

反思提升环节：首先对学生刚体验的排序程序做一个总结性的评价，评价插入排序中的关键要点。进一步体验内、外层循环变量及与数组的关联。生活中有许多看似无关联的数据，如果我们不在意，可能就会遗漏发现事物本质的机会。如果仅凭分数的高低就认定一个学生真正的成绩，显然是不够的。所以让学生通过一次半期考试的成绩以及体验感受对这些数据进行处理，生成更多有用的数据，从而对自己的成绩有一个更全面、更本质认识的过程，更深刻地领悟数据处理的重要意义。使学生从一个更高情感层面上得到一个感知。经过一定的数据处理，能观察数据之间的联系、数据变化的规律，便于我们比较准确地认识事物的本质。也为我们对事物未来的发展做出比较科学的预测和建议提供了可靠的事实依据。

运用反馈环节：为了让学生更深层次地了解插入排序算法的具体程序实现，检测学生掌握插入排序算法的情况，课堂上安排了几道练习检测题，主要检测学生对插入排序算法的理解、内外层循环变量的关联体验以及锻炼学生对摩拜数据成因的分析能力。

课后搜集学生练习进行检测统计、检测分析，完成"体验性目标点检测表"。

【板书设计】

插入排序

核心问题：观图悟排序算法，探究程序实现

算法描述（据学生回答情况）：　　插入排序：（n 个数据）

　　　　　　　　　　　　　　　放置 n-1 个新元素到适当位置→外层循环变量 i（2→n）

　　　　　　　　　　　　　　　在已排序的数组内找适当位置 K→内层循环变量 j（1→i-1）

<u>依次放置新元素到</u>　　　　　　将 k 位置及此后已排序元素依次后移→内层循环变量 j（k→i-1）

<u>"已排好序的"</u> 适当　　　　　　位置将新元素放置在 K 位置处

数据处理（排序）在数据应用中的重要意义

【教学流程】

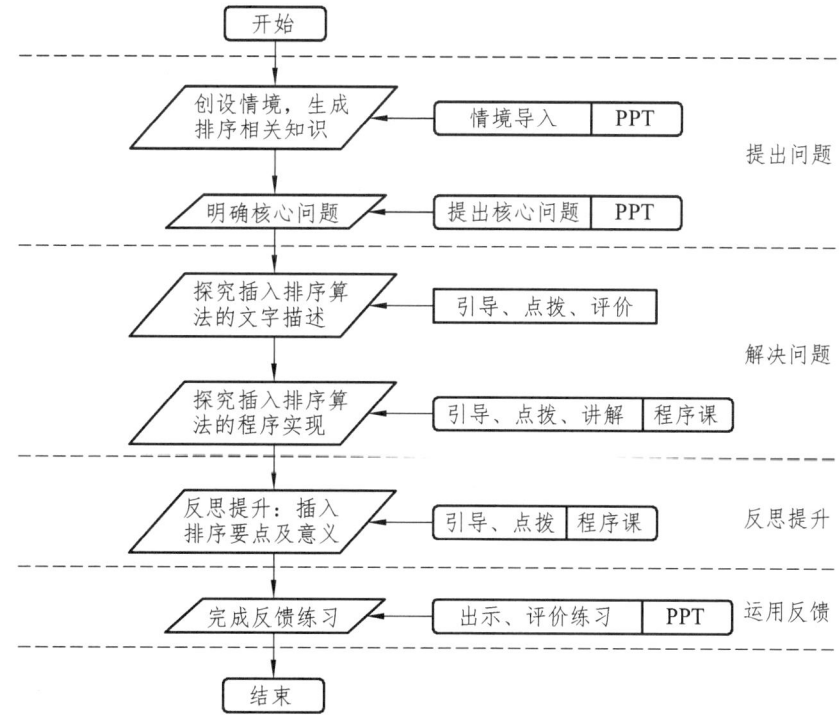

三、教学评价反馈

【信息搜集】

全班有 45 名学生，搜集到 45 份学案。具体见"体验性目标点检测表"。

【自我评价】 ☞

核心问题教学评价表

评价目标	评价指标				评价结果
	一级指标	二级指标	三级指标		
实现活动体验中的学习与发展	具有核心问题的教学形态	核心问题利于活动体验	内含学科问题和学生活动方式	8	每项指标最高评8分，合计94分。
			问题情境与真实生活密切相关	8	
			能引发新知识、新方法的生成	8	
		教学目标价值引导恰当	两类目标正确全面	8	
			关联体验目标恰当	8	
			目标价值引导显现	8	
		教学环节完整合理落实	教学环节清晰完整	8	
			环节内容合理充实	7	
			学生活动时间充分	8	
		教学要素相互匹配促进	问题目标环节两两匹配	7	
			技术促进活动形式内容	8	
			学科特点突出氛围浓郁	8	
	具有核心问题的教学实质	拓展学习视野	课堂与现实世界有恰当关联		选择一个表现突出的二级指标，在相应三级指标引导下，以现场学生表现为依据，于本表的第二页写出150字以上的简要评价。
			有基于缄默知识的问题解决		
			有缄默知识运用的追踪剖析		
		投入实践活动	有真实而且完整的实践活动		
			能够全身心地浸渍于活动中		
			活动的内容结果均丰富深入		
		感受意义关联	有核心问题的深层意义感受		
			有以知识为中心的关联感受		
			有以个人为中心的关联感受		
		自觉反思体验	有实质性反思活动的开展		
			有课堂新因素的追踪利用		
			有体验的交流与改善重构		
		乐于对话分享	乐于自我表达与认真倾听		
			乐于合作中成果与思路的分享		
			有宽容的对话氛围和多向交流		
		认同体验评价	认可体验评价		
			参与体验评价		
			利用体验评价		

续表

核心问题教学实质的简要评价（包括发展性建议）：

在本节课中，具有核心问题教学实质的六个方面都有所表现，其中投入实践活动这个方面体现非常充分。

第一，本节课有真实而完整的实践活动，本节课以"观图悟排序算法 探究程序实现"为核心问题，学生通过观赏图片，首先进行了视觉上的实践活动，进行头脑风暴，引导学生思维，领悟排序的算法，然后利用 VB 编程平台亲自动手编写程序的实践活动最终完成课堂上的核心问题。而实践活动真实而又完整。

第二，本节课学生能够全身心地沉浸于活动中。本节课内容几乎应用了前面的各个知识点，是顺序、选择、循环的综合运用，而且更是双重循环的应用。对于学生有很大的难度。因此特选择了清北班的学生。清北班学生素质高，更有迎难而上的特质。大多学生有兴趣、有信心，也想一试身手，用自己编写出来的程序解决问题，以期获得成功的愉悦感。教师从开篇就引入提高学生兴趣的两个数据——1500 次与 50 万次的对比，引导学生去探究是什么数据处理使得这两个数据的效果是一致的，调动学生全身心地投入到后面的活动中。此后，无论是观图悟排序算法的头脑风暴，还是学生亲自动手编程，以及此后的完成学案，学生都是全神贯注。特别在亲自动手活动环节，学生更是在各个方面进行了投入，首先是算法需要程序的具体实现，学生要懂得如何将数据转化为被计算机识别的代码且亲自逐字录入，其次还需进行程序的调试，如何发现错误、改正错误，且研判内外层循环变量之间的关系以及与数组元素序号的关联，进行头脑风暴。这个活动更需要全身心地进行投入。另外，学生在关注其他学生编程的思维以及教师点评的同时，还得要思考与我的编程有什么不同，为什么编程代码的不同仍可以达到相同的效果或哪种效果更高效。这些头脑思维的活动仍是全身心的一部分。综合看，学生能够全身心地沉浸于教学活动中

第三，学生的活动内容结果丰富深入。学生的活动不仅仅局限于完成核心问题，即最终排序算法的程序实现，而是在大多数学生基本完成排序算法的程序实现上，进一步探究插入排序算法程序的基本特点，真正了解内外层循环变量和数组元素序号之间的关联，以及排序这种数据处理在信息处理、数据分析中的重要意义。使得学生的活动内容和结果都朝一个更高的层次丰富深入。在教学中设计了学生的半期考试的成绩统计处理程序演示过程，生成更多有用的数据，从而对自己的成绩有一个更全面、更本质的认识。学生更深刻地领悟数据处理的重要意义，认清排序是数据处理的重要方法。使得学生从一个更高情感层面上得到一个感知。经过一定的数据处理，更能观察数据之间的联系和数据变化的规律，使我们能比较准确地认识事物的本质。也为我们对事物未来的发展做出比较科学的预测和建议提供了可靠的事实依据。

综上所述，本节课中，具有核心问题教学实质的六个方面中投入实践活动这个方面表现得比较突出。

【反馈调整】☞

体验性目标点检测表

课题名称		观图悟排序算法，探究程序实现
教学目标	结果性目标	能准确描述插入排序算法；正确分析、编写、运行、调试插入排序程序。
	体验性目标	在分析和编写插入排序的活动中，体验外层循环变量和内层循环变量及数组之间的关联；体验综合运用顺序、选择、循环的关联。关联生活中的数据，体验数据处理（排序）在数据分析中的重要性。
检测点		体验外层循环变量和内层循环变量及数组之间的关联。

检测工具（题）	观察下面插入排序程序，在方框处将程序补充完整并写出你填此空的简单分析。 Dim d() d=array（0, 9, 44, 38, 5, 47, 15） 'd(0)元素不考虑，仅对d(1)至d(6)的6个数据排序 　for i=2 to （　　　　） step 1　　　　　　　分析：_____ 　　for j=（　　　） to （　　　　） step 1　分析：_____ 　　　… 　　next j 　　k=j 　　for j=（　　　） to （　　　　） step 1　分析：_____ 　　　… 　　next j 　　… 　next i 　for i=1 to 6 step 1　　　'输出排序后的数据 　　print d(i); 　next i 在理解了这个插入排序的算法后，请写出完成3次排序后d数组对应元素（d(0)元素除外）的值依次为多少？

	分类等级	分类标准	学生人数	百分比/%
检测统计（学生总人数：45人）	A	深刻体验到内外层循环变量的关联，分析思路清晰，能正确写出3次排序后数组对应的元素值	16	35.6
	B	体验到内外层循环变量的关联，分析思路不够清晰，描述不够准确，几乎能正确写出3次排序后数组对应的元素值	19	42.2
	C	部分体验到内外层循环变量的关联，分析思路不正确，不能正确写出3次排序后数组对应的元素值	10	22.2
	D	几乎未体验到内外层循环变量的关联，分析思路不正确，不能写出3次排序后数组对应的元素值	0	0

检测分析	根据检测统计结果分析，深刻体验到内外层循环变量的关联，分析思路清晰，能正确写出2次排序后数组对应的元素值的学生比例占到35.6%，这与该班的优秀学生较多有关。体验到内外层循环变量的关联，分析思路不够清晰，描述不够准确，几乎能正确写出2次排序后数组对应的元素值的学生占比达到42.2%，前面两者相加占比达到77.8%，说明相当多的学生已经对内外层循环变量的关联有深度体验。可能基于程序的熟练程度低以及平常的练习少，以至于有少数学生不能写出正确的数组元素的值。仍然有部分学生部分体验到内外层循环变量的关联，分析思路不正确，不能正确写出2次排序后数组对应的元素值，其占比达到22.2%，说明这部分学生对于本节课的学习还理解得不够，还需要课后的练习甚至还需要一节课巩固学习才能深刻理解内外层循环变量的关联，才能正确阅读程序直至写出程序的运行结果。基于学生的学习态度以及学科的基础，没有D等级的学生，这是合理的。检测中的插入排序是一种经过改良后的程序，这对于学生的灵活应用是一种考验，如果给出的是与课堂上讲的插入排序方法一样的话，相信检测统计的结果会更好。

学生深度体验的典型实例	袁伟杰同学深刻体验到内外层循环变量的关联，分析思路清晰，并能正确写出3次排序后数组对应的元素值。更为重要的是他在分析内层循环变量j的初值时这样描述："j=i时判断无效，设j=i+1可以节省时间和内存。"他这样的描述，可能一般的学生不能理解，不知道他说的什么意思，但是作为一个对计算机、程序有深刻认识的学生或教师来说，不得不佩服该生是在另一个更高的层面上认识这个插入排序算法。因为他从算法的高效性上去分析，是从算法的时间复杂度和空间复杂度上去分析，诚然，内层循环变量的初值"j=i"，从程序运行的角度和解决问题的角度上去分析，不会有错。但是与"j=i+1"比较就会使得循环的次数增加1次，也增加了许多占据内存的临时变量。所以说，我们设计的算法的具体程序实现时，不仅要关注其是否最终解决问题，而且还要关注实现的算法程序是否高效，是否会占用更多的时间和更多的内存。当然，基于中学信息技术学科特点，目前这些不是我们考虑的问题。也正因为这样，更能体现出这位学生的深度体验程度。
检测反馈	教学设计的学案中，除了在检测点设计学生体验插入排序实现中内外层循环变量及数组元素序号的关联外，还设计了考查学生对数据处理（排序）后新生成数据的分析能力。由于时间关系，在课堂现场没让学生做这一道分析题。在课后让学生完成了摩拜"退休大爷"为什么骑行距离最长，骑行速度最快的分析。从学生反馈的情况看，首先，学生非常清楚这在"骑行距离最长，骑行速度最快"文字描述中进行了排序的处理才得出了这种结论；其次，对于得出这种结论的成因，学生从一面或多面进行了分析：①首先是玩摩拜的"退休大爷"，而非所有的"退休大爷"，因为玩摩拜的"退休大爷"，身体素质好，长期爱好体育锻炼，退休了有更多的时间锻炼自己的身体，从而能更长时间进行骑行，使得骑行的距离最远。②退休大爷骑单车，一般不会在上班时间人拥挤的时候骑行，所以道路宽阔，游人较少，又爱好骑行，所以骑行的速度较快。③爱好骑行的大爷选择的骑行路径可能绝大多数是去城外环境美、空气好的地方，相对而言，城外的路况比较好，骑行速度快、骑行距离远。④其他（略）。

由于时间关系，学生活动过程中，普遍感觉时间不够用，特别是反馈应用环节，很多学生由于时间关系都没有很好地展现自己的创设意图。另外各位教师、评委给定的某些环节的建议更为妥当，如直接以学生的半期考试成绩程序演示，由于这些数据是学生自身真实有效的数据，学生感悟体验会更深刻。课堂中的活动内容稍多，某些数据处理后的成因分析可在下一节课中重点分析，从而使学生深刻理解数据处理（排序）的重要性。

【教学附件】☞

学案

姓名：_____ 班级：_____

1. 利用插入排序算法对 6，9，2，4，7 的数据插入顺序排序，请问需要经过（　　）趟排序才能完成。

  A. 3 B. 4 C. 5 D. 6

2. 观察下面的插入排序程序，请在方框处将程序补充完整并写出你填此空的简单分析。

Dim d()
d=array（0，9，44，38，5，47，15）'d(0)元素不考虑，仅对d(1)至d(6)的6个数据排序

```
for i=2 to (    ) step 1                        分析：_____
    for j= (    ) to (    ) step 1
        if d(i)<d(j) then
            (    )                               分析：_____
        endif
    next j
    k=j                                          分析此语句作用_____
    t=d(i)
    for j=i to k+1 step-1
        d(j)=d(j-1)
    Next j
    d(k)=T
next i
for i=1 to 6 step 1       '输出排序后的数据
    print d(i);
next i
```

在理解了这个插入排序的算法后，请写出完成 3 次排序后 d 数组对应元素（d(0)元素除外）的值依次为多少？

3. 如下图，分析玩摩拜的"退休大爷"，在哪些方面可能体现了数据的处理（排序），你能说出造成这种结论可能的原因是什么？（以自己的理解去分析，分析至少一个成因）

冒泡排序

信息组　宋德洪

一、教学分析设计

【教材分析】☞

广东版教材《算法与程序设计》中将常见的算法，包括排序算法安排在第四章。排序算法是使用频率最高的算法之一，排序算法有多种，教材直接抛出了选择排序和插入排序，而冒泡排序是一种很典型而且相对简单的方法，学习它可以为选择排序和插入排序算法的理解学习做铺垫。通过冒泡排序算法的学习，可以使学生进一步体验算法思想，了解算法和程序设计在解决问题过程中的地位和作用，提高从简单问题出发，设计解决问题的算法的能力。

【学生分析】☞

通过前面的学习，学生已经初步了解了算法设计的基本知识，如赋值、顺序结构、选择结构、循环结构等，对排序中会用到的双重循环结构及循环语句以及数组变量等的使用也有一定的基础。但由于学科特点，学生的关注度不如其他学科，实践也比较少，学生的知识遗忘度高，前一节课的知识点到本节几乎忘记大半。同时在程序的调试纠错环节，对学生而言也有相当的难度。

【目标分析】☞

1. 结果性目标

掌握冒泡排序的原理；理解冒泡排序的流程图；能够编写冒泡排序程序的主要代码。

2. 体验性目标

在分析和编写冒泡排序算法的活动中，体验外层循环变量和内层循环变量及数组之间的关联。

【媒体分析】☞

黑板：板书核心问题、冒泡算法描述、排序基本框架、反思提升要点。
PPT：情境创设图示、排序算法探究、练习题展示。
计算机：学生编写、运行、调试程序；提交电子作业。

【核心问题分析】

核心问题：探究冒泡排序算法的原理，编写冒泡排序算法程序。

通过对教材和对学生的分析，确定本节课的重点是通过观看动画理解冒泡排序算法的原理，难点是在理解冒泡排序算法的原理的基础上，编写实现冒泡排序算法程序，对数组中的一列排序不规律的数进行排序。

冒泡排序算法的原理是：对存放原始数据的数组，按从前往后的方向进行多次扫描，每次扫描称为一趟。当发现相邻两个数据的次序与排序要求的大小次序不符合时，即将这两个数据进行互换。要使学生理解这一段话，最直接的方法是通过一个动画进行演示，这样学生很容易理解，在学生理解了冒泡排序算法的原理后，要完成代码的编写，学生有很大的难度，所以在程序的具体实现过程中，必须要有一个探究过程。要深度挖掘冒泡排序的具体实现过程，让学生掌握一种由繁变简、由简变易的解决问题的思想方法。让学生弄清楚外层循环解决了什么问题，内层循环又解决了什么问题，从而真正理解选择排序解决问题的过程。真正理解外层的循环变量与内层循环变量以及与数组之间的关联关系，进而达到程序实现。

为了让学生更深层次地了解冒泡排序算法的具体程序实现，检测学生掌握的情况，学生在完成对冒泡排序算法的理解及编写程序代码，实现对一列不规律的数据进行排序后，教师还应对学生提出问题：如果将要进行排序的数列是一列规则的、已经排好的数列，这个算法要循环多少次？可不可以针对这样的情况对程序代码进行优化？我们在进行排序操作时，是从前往后进行扫描、比较，可不可以从后往前进行扫描、比较？学生对这些问题进行思考，并尝试理解、编程。

二、教学实施设计

【教学环节】

教学环节	学生活动	教师活动	设计意图
提出问题	进入情境，学生思考。学生观察，回答问题。观察思考，明确任务。	创设情境：列举生活中的排序问题，提出如何对一列不规则数据进行操作，让它们按升序或降序进行排列？提出核心问题：探究冒泡排序算法的原理，编写冒泡排序算法程序。	激发学生兴趣，调动学生思维，明确学习任务。
解决问题	1. 观察思考，小组探究描述冒泡排序算法。 2. 学生思考，回答问题，并编程找一列数据中的最大（小）数，并把它放到数列的最后（前）。 3. 学生思考，回答问题，并编程找最大（小）数？ 4. 学生完成整体编程。	1. 教师演示冒泡排序算法动画。 2. 提问：如何找出一列数据中的最大（小）数，并把它放到数列的最后（前）？相邻两个数据的次序与排序要求的大小次序不符合时，即将这两个数据进行互换。 3. 提问：找多少次最大（小）数？教师巡视、指导。	观图、调动学生思维，理解冒泡排序算法，并运用分解任务的方法解决问题，最终达到算法的程序实现。

续表

教学环节	学生活动	教师活动	设计意图
反思提升	学生思考体验感悟数据处理。	选择排序算法要点： 1. 外层循环意义及循环次数确立。 2. 内层循环意义及内层循环变量值与外层循环变量值的关联。 3. 数组元素对应序号与内外层循环变量的关联。 4. 总结排序算法的一般模式。 5. 对于一列排好序的数，本冒泡算法的优化建议。	引导学生提高认识，理解排序在数据分析中的重要意义。
运用反馈	学生运用所学完成从后往前扫描的冒泡排序算法。	作业布置：完成从后往前扫描的冒泡排序算法。	检测学生排序知识应用和分析数据的能力。

【评价预设】☞

学生通过观看动画，理解、领悟冒泡排序算法，难点在于学生如何将领悟的冒泡算法运用于程序编码，所以在程序的具体实现过程中，必须要进行学生之间、师生之间的一个探究，深度挖掘冒泡排序的具体实现过程，让学生通过问题分解的方法，由繁变简、由简变易地解决问题。先实现将一个数列中最大的数通过相邻两数的比较、交换，放在数列的最后一位，再多次实现这样的操作。针对学生现场产生的问题进行引导性评价。对学生利用以前所学知识实现分解任务的程序进行鼓励性评价。

运用反馈环节：为了让学生更深层次地了解冒泡排序算法的具体程序实现，检测学生掌握的情况，让学生优化冒泡算法，主要检测学生对冒泡排序算法的理解、内外层循环变量的关联体验。

【板书设计】☞

冒泡排序

核心问题：探究冒泡排序算法的原理，编写冒泡排序算法程序。

算法描述（据学生回答情况）：

    从前往后   外层循环次数

    相邻两数比较   内层循环次数

    ……

【教学流程】☞

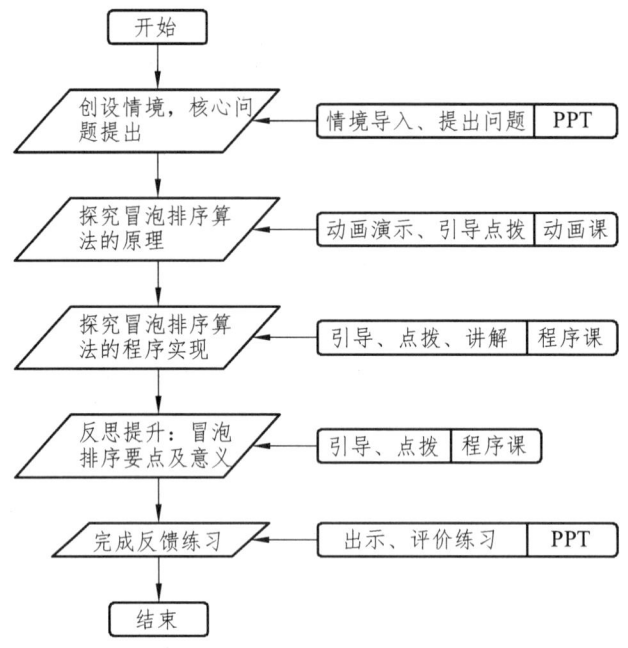

三、教学评价反馈

【信息搜集】☞

全班有 51 名同学。根据体验性目标检测点，共搜集学生编程作业共 51 份。

【自我评价】☞

核心问题教学评价表

评价目标	评价指标				评价结果
	一级指标	二级指标	三级指标		
实现活动体验中的学习与发展	具有核心问题的教学形态	核心问题利于活动体验	内含学科问题和学生活动方式	8	每项指标最高评8分，合计95分。
			问题情境与真实生活密切相关	8	
			能引发新知识、新方法的生成	8	
		教学目标价值引导恰当	两类目标正确全面	8	
			关联体验目标恰当	8	
			目标价值引导显现	8	
		教学环节完整合理落实	教学环节清晰完整	8	
			环节内容合理充实	8	
			学生活动时间充分	8	

续表

评价目标	评价指标			评价结果
	一级指标	二级指标	三级指标	
实现活动体验中的学习与发展	具有核心问题的教学实质	教学要素相互匹配促进	问题目标环节两两匹配	7
			技术促进活动形式内容	8
			学科特点突出氛围浓郁	8
		拓展学习视野	课堂与现实世界有恰当关联	选择一个表现突出的二级指标，在相应三级指标引导下，以现场学生表现为依据，于本表的第二页写出150字以上的简要评价。
			有基于缄默知识的问题解决	
			有缄默知识运用的追踪剖析	
		投入实践活动	有真实而且完整的实践活动	
			能够全身心地浸渍于活动中	
			活动的内容结果均丰富深入	
		感受意义关联	有核心问题的深层意义感受	
			有以知识为中心的关联感受	
			有以个人为中心的关联感受	
		自觉反思体验	有实质性反思活动的开展	
			有课堂新因素的追踪利用	
			有体验的交流与改善重构	
		乐于对话分享	乐于自我表达与认真倾听	
			乐于合作中成果与思路的分享	
			有宽容的对话氛围和多向交流	
		认同体验评价	认可体验评价	
			参与体验评价	
			利用体验评价	

核心问题教学实质的简要评价（包括发展性建议）：

信息技术课是一门实践性很强的学科，本节课，学生在投入实践活动方面也很突出。

第一，本节课实践活动真实、完整。本节课以"理解冒泡排序算法的原理，编写冒泡排序算法程序"为核心问题，学生通过冒泡排序演示动画，理解冒泡排序的算法原理，然后利用VB编程平台亲自动手编写程序，最终完成课堂上的核心问题，并用理解的冒泡排序算法原理，编写从后往前扫描的冒泡排序算法程序，整节课实践活动真实而又完整。

第二，本节课学生能够全身心地沉浸于活动中。学生先观看冒泡排序动画演示，领悟冒泡排序算法的原理，在讨论分析了内外层循环分别循环次数和要做的工作后，利用VB编程平台亲自动手编写程序，最终完成课堂上的核心问题，并用理解的冒泡排序算法原理，编写从后往前扫描的冒泡排序算法程序。整节课学生都能全身心地投入，特别在学生亲自动手活动环节，学生更是在各个方面进行了投入。首先是算法需要程序的具体实现，学生要懂得如何将数据转化为被计算机识别的代码且亲自录入，其次还须进行程序的调试，如何发现错误、改正错误，且要研判内外层循环变量之间的关系以及与数组元素序号的关联。这个活动都需要学生全身心地投入。

第三，学生的活动内容丰富。学生的活动不仅仅局限于完成核心问题，即最终冒泡排序算法的程序实现，而是在大多数学生基本完成冒泡排序算法的程序实现上，进一步探究冒泡排序算法程序的基本特点，真正了解内外层循环变量和数组元素序号之间的关联，以及排序这种数据处理在信息处理、数据分析中的重要意义。同时能举一反三，领悟以及能编程找出一列数据中的最大数，并把它放到数列的最后的从前往后比较扫描，也能编程找出一列数据中的最小数，并把它放到数列的最前的从后往前比较扫描。更深刻地领悟数据处理的重要意义，当然也更加认清排序是数据处理的重要方法。使得学生从一个更高情感层面上得到一个感知。经过一定的数据处理，更能观察到数据之间的联系、数据变化的规律，使我们能比较准确地认识事物的本质。

综上所述，本节课中，具有核心问题的教学实质的六个方面中投入实践活动这个方面表现得比较突出。

【反馈调整】☞

体验性目标点检测表

课题名称	冒泡排序算法			
核心问题	探究冒泡排序算法的原理，编写冒泡排序算法程序。			
教学目标	结果性目标	1. 掌握冒泡排序的原理；理解冒泡排序的流程图。 2. 能够编写冒泡排序程序的主要代码。		
	体验性目标	在分析和编写冒泡排序算法的活动中，体验外层循环变量和内层循环变量及数组之间的关联。		
检测点	体验外层循环变量和内层循环变量及数组之间的关联。			
检测工具（题）	完成冒泡程序主要代码的编写，并调试优化。			
检测统计（学生总人数：51人）	分类等级	分类标准	学生人数	百分比/%
	A	深刻体验到内外层循环变量的关联，分析思路清晰，能正确写出从后往前比较扫描的冒泡排序算法，并能正确运行排序数据。	19	37.3
	B	体验到内外层循环变量的关联，分析思路较清晰，能正确写出从后往前比较扫描的冒泡排序算法的主要部分代码。	29	56.9
	C	部分体验到内外层循环变量的关联，分析思路较正确，能写出从后往前比较扫描的冒泡排序算法的内外层循环的初值、终值等代码。	3	5.8
	D	部分体验到内外层循环变量的关联，思路较正确，但不能写出从后往前比较扫描的冒泡排序算法的内外层循环的初值、终值等代码。	0	0

续表

检测分析	根据检测统计结果分析，能深刻体验到内外层循环变量的关联，分析思路清晰，能正确写出从后往前比较扫描的冒泡排序算法，并能正确运行排序数据的学生比例是 37.3%。体验到内外层循环变量的关联，分析思路较清晰，能正确写出从后往前比较扫描的冒泡排序算法的主要部分代码的学生比例达到 56.9%。前面两者相加占比达到 94.2%，说明相当多的学生已经对内外层循环变量的关联有深度体验。当然，仍然有部分学生部分体验到内外层循环变量的关联，分析思路较正确，能写出从后往前比较扫描的冒泡排序算法的内外层循环的初值、终值等代码，其占比达到 5.8%，可能是因为这部分学生对相关知识掌握还不是太熟练，如果时间充裕，相信这几名学生也能完成程序的所有代码。
学生深度体验典型实例	本节课学生的体验目标是在分析和编写冒泡排序算法的活动中，体验外层循环变量和内层循环变量及数组之间的关联。学生在实践活动中不仅仅局限于完成核心问题，即最终冒泡排序算法的程序实现，而是在完成冒泡排序算法的程序实现上，进一步探究冒泡排序算法程序的基本特点，真正了解内外层循环变量和数组元素序号之间的关联。同时要能举一反三，领悟以及能编程找出一列数据中的最大数，并把它放到数列的最后的从前往后比较扫描，也能编程找出一列数据中的最小数，并把它放到数列的最前的从后往前比较扫描，更深刻地体验外层循环变量和内层循环变量及数组之间的关联。
检测反馈	本节课在讨论及应用反馈时，时间有些仓促。可以在设计时再调整一下时间安排。在第二节课，对学生检测情况进行了分析。

　　在学生讨论、分析、领悟冒泡排序算法时，为了让学生有更充裕的时间编写代码并调试成功，花费了较多时间，导致讨论环节太过仓促，留给学生的时间不是太充分。下次可以给讨论的时间更多些。

设计的表达与交流

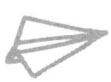

信息组 金 钊

一、教学分析设计

【教材分析】☞

本节课包含制图标准、绘图工具及用品、透视图、三视图、简单电路图的识读、计算机辅助设计和设计交流注意事项等几部分内容。其中透视图和三视图内容虽然所占比重不大，但它却是工程技术领域设计的表达和交流所需的重要的技术语言，也是本节课教学的重点之一。考虑到课时和教学条件的限制以及学业水平考试范围等因素，本节课教学计划用两个课时突破重难点——制图标准、透视图（二点透视图）和三视图画法。

【学生分析】☞

在学完本章前两节内容后，学生对一般设计过程五大环节中的前两个环节——"设计课题的确定"和"设计方案的制定"已有所认识和了解，接下来就是要解决如何将设计思想准确表达出来，进而形成相关的图文方案。理解、掌握"制图标准"和学会"透视图（二点透视图）"的画法，正是学生需要具备的一般设计方案表达与交流的基本知识和技能。

【目标分析】☞

1. 体验性目标

能积极主动参与课堂讨论和练习，认真体验实践"尺寸标注法"和"简单物体（多功能学习用品盒）的二点透视图画法"。

2. 结果性目标

理解尺寸的三要素，掌握尺寸标注法；理解二点透视图的形成原理，掌握"视平线、消失点、竖直棱"要诀，学会画简单物体（多功能学习用品盒）的二点透视图。

【媒体分析】☞

多媒体课件；1~2种简单物体（多功能学习用品盒）模型。

【核心问题分析】☞

通过听讲、观察模型、课堂讨论和动手练习，体验实践尺寸标注法和简单物体（多功能学习用品盒）的二点透视图画法。

二、教学实施设计

【教学环节】☞

教学环节	教师活动	学生活动	设计意图
提出问题	多媒体展示思考题：请翻看课本 70 页"技术实习"，思考能否完成这一任务。 提出核心问题：通过听讲、观察模型、课堂讨论和动手练习，体验实践尺寸标注法和简单物体（多功能学习用品盒）的二点透视图画法。	大多数学生不能完成。 学生讨论并回答。 领会、明确本节课核心问题。	明确学习任务，引起学习注意。
解决问题	一、制图标准 （一）图纸幅面及格式（单位：mm） | 幅面代号	A₀	A₁	A₂	A₃	A₄ | |---|---|---|---|---|---| | 尺寸 长 | 1189 | 841 | 594 | 420 | 297 | | 宽 | 841 | 594 | 420 | 297 | 210 | 公式："长"$\approx \sqrt{2}$"宽" （二）字体 按国家标准规定，汉字应写成长仿宋体，并采用国家正式公布的简化字，字母及数字一般写成斜体（与水平成75°角）。 （三）比例 图3-10　物体的真实大小以尺寸数字为依据	通过阅读课本相关内容，结合课件，认真听教师讲解相关知识要点，正确识记和理解有关知识要点，进而基本掌握制图标准中关于"图纸格式""字体""比例""图线""尺寸标注"等基础知识。了解并识记常用绘图工具及用品。 观察模型、观看课件相关内容，同时听教师讲解。 明确： 1."视平线""消失点"概念。 2.透视原理。 3.二点透视图的基本画法。	让学生积极参与核心问题的解决，调动起他们学习和实践的主动性。在参与讨论、观察、听讲、练习等活动时，体验和实践合作探究解决问题的愉悦；体验"透视图"和"立体图"在表达设计产品外观效果上的不同。促使学生对"尺寸标注法""二点透视图"相关缄默知识显性化。

教学环节	教师活动	学生活动	设计意图
解决问题	比例是指图样中的图形与其实物相应要素的线性尺寸之比。无论采用何种比例，所注尺寸数字均应是物体的真实大小，与绘图的比例无关。 （四）图线 （参阅课本69页表格） （五）尺寸标注 （课本70页图文） 1. 尺寸三要素；2. 尺寸标注。 二、绘图工具及用品： （一）常用绘图工具及用法 （参阅课本71页） （二）绘图用品 （参阅课本72页） 1. 绘图板；2. 绘图纸；3. 绘图铅笔。 三、透视图：（请阅读课本73~75页） 1. 什么是透视图：按照透视规律绘出来的图。 2. 透视图的三种类型：根据消失点的数目，可将透视图分为一点透视、二点透视、三点透视三种类型。 3. 二点透视图的基本画法：结合课件进行讲解。		
反思提升	结合课本70页的"技术实习"，利用课件，引导学生进一步反思总结： 尺寸三要素是什么？ 如何正确理解绘图比例与标注的尺寸数字无关？ 如何正确绘制简单立方体的二点透视图？	根据教师提示，翻开课本70页，再次自主完成"技术实习"后，当堂进行交流互动，反思教师所提出的三个问题，并在此基础上进行归纳、总结。	通过师生及生生互动，进一步体会理解和识记常用尺寸标注法和简单物体二点透视图的绘制，促使体验性目标的达成。
运用反馈	指导学生利用下发的学案，参看课本76页"技术实习"示例，画出多功能学习用品盒的二点透视图。 选1~2位学生，在全班进行展示并评价。 布置作业：参看课本76页"技术实习"示例，规范绘制出多功能学习用品盒的二点透视图。	每位学生画出多功能学习用品盒的二点透视图；先画完的学生，可自觉展开评价、修正。 注：这次作业内容也是本期半期考试内容。	让学生进一步体验合作互动和自主学习获得成功的喜悦；初步检测体验性目标和结果性目标的达成情况。

【评价预设】☞

（1）学生对立体图的绘制较为熟练，而绘制二点透视图时可能会受其影响，必须及时指正。（最好是由其他学生进行指正）

（2）在讨论交流时，个别学生会暴露出对"视平线""消失点"以及"透视规律"理解不透的问题，（这也是受立体图绘制影响的重要原因），需要强调指正。

（3）对正确、规范绘制出多功能学习用品盒二点透视图的学生及时发现并表扬、鼓励。

【板书设计】☞

```
                设计的表达与交流（第 1 课时）
                   ——尺寸标注、二点透视图
  核心问题：通过听讲、观察模型、课堂讨论和动手练习，体验实践尺寸标注法和简单物体（多
功能学习用品盒）的二点透视图画法。
  一、制图标准：
  （一）图纸幅面及格式；（二）字体；（三）比例：（参阅课本 69 页图）；
  （四）图线：（参阅课本 69 页表格）
  （五）尺寸标注：（参阅课本 70 页图文）1. 尺寸三要素；2. 尺寸标注法。
  二、绘图工具及用品：
  （一）常用绘图工具及用法：（参阅课本 71 页）
  （二）绘图用品：（参阅课本 72 页）1. 绘图板；2. 绘图纸；3. 绘图铅笔。
  三、透视图：（参阅课本 73～75 页）
  1. 什么是透视图；2. 透视图的三种类型；3. 二点透视图的基本画法。
```

【教学流程】☞

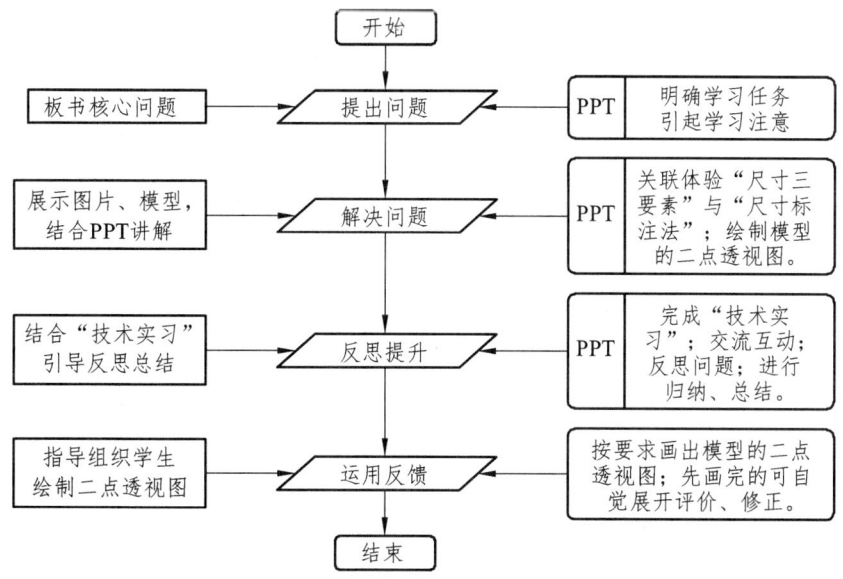

三、教学评价反馈

【信息搜集】

高二（9）班46位学生课后作业完成情况统计信息示例。

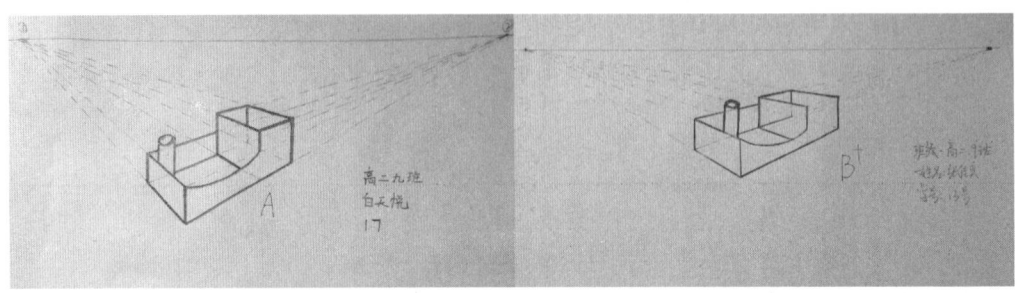

【自我评价】

核心问题教学评价表

评价目标	评价指标				评价结果
	一级指标	二级指标	三级指标		
实现活动体验中的学习与发展	具有核心问题的教学形态	核心问题利于活动体验	内含学科问题和学生活动方式	8	每项指标最高评8分，合计95分。
			问题情境与真实生活密切相关	8	
			能引发新知识、新方法的生成	8	
		教学目标价值引导恰当	两类目标正确全面	8	
			关联体验目标恰当	8	
			目标价值引导显现	8	
		教学环节完整合理落实	教学环节清晰完整	8	
			环节内容合理充实	8	
			学生活动时间充分	7	
		教学要素相互匹配促进	问题目标环节两两匹配	8	
			技术促进活动形式内容	8	
			学科特点突出氛围浓郁	8	

续表

评价目标	评价指标			评价结果
	一级指标	二级指标	三级指标	
实现活动体验中的学习与发展	具有核心问题的教学实质	拓展学习视野	课堂与现实世界有恰当关联	选择一个表现突出的二级指标，在相应三级指标引导下，以现场学生表现为依据，于本表的第二页写出150字以上的简要评价。
			有基于缄默知识的问题解决	
			有缄默知识运用的追踪剖析	
		投入实践活动	有真实而且完整的实践活动	
			能够全身心地浸渍于活动中	
			活动的内容结果均丰富深入	
		感受意义关联	有核心问题的深层意义感受	
			有以知识为中心的关联感受	
			有以个人为中心的关联感受	
		自觉反思体验	有实质性反思活动的开展	
			有课堂新因素的追踪利用	
			有体验的交流与改善重构	
		乐于对话分享	乐于自我表达与认真倾听	
			乐于合作中成果与思路的分享	
			有宽容的对话氛围和多向交流	
		认同体验评价	认可体验评价	
			参与体验评价	
			利用体验评价	

核心问题教学实质的简要评价（包括发展性建议）：

本节课强调了课件制作时对二点透视图成图原理的分步动态展示，以及如何在绘制二点透视图时根据透视规律，把握"只有竖直棱相互平行且与视平线垂直"的要诀作图。教学采用任务驱动、自主学习、交流协作等多种教学模式，让学生带着问题自主探究，有助于培养学生良好的自主学习习惯。"运用反思"环节的时间不够，也许是多功能学习用品盒模型不够简单的原因，当然，也包括有些学生未准备铅笔、尺子，致使少数学生没能完整画出多功能学习用品盒模型的二点透视图，也就使得深度体验二点透视图画法的达成度不够。另外，通过课后作业的批阅也发现，一些学生未能真正理解透视图的成图原理，画二点透视图时不会把握"只有竖直棱相互平行且与视平线垂直"要诀进行作图，特别是容易按画立体图的习惯去画"除竖直棱以外的线段"，这有待今后教学中进一步加强相应的讲解和动手绘图练习，从而提高学生们的绘图技能。

【反馈调整】☞

体验性目标点检测表

课题名称	设计的表达与交流（第1课时）			
核心问题	通过听讲、观察模型、课堂讨论和动手练习，体验实践尺寸标注法和简单物体（多功能学习用品盒）的二点透视图画法。			
教学目标	结果性目标	理解尺寸的三要素，掌握尺寸标注法；理解二点透视图的形成原理，掌握"视平线、消失点、竖直棱"要诀，学会画简单物体（多功能学习用品盒）的二点透视图。		
	体验性目标	能积极主动参与课堂讨论和练习，认真体验实践"尺寸标注法"和"简单物体（多功能学习用品盒）的二点透视图画法"。		
检测点	简单物体（多功能学习用品盒）二点透视图的画法。			
检测工具（题）	参看课本76页"技术实习"示例，规范绘制出"多功能学习用品盒"的二点透视图。（这也是本期半期考试内容。）			
检测统计（学生总人数：46人）	分类等级	分类标准	学生人数	百分比/%
	A	完全正确规范绘制（含6条竖直棱；12条辅助线；且可见轮廓线均为粗实线）	21	45.6
	B	基本正确规范绘制（缺个别辅助线或个别粗实线与细虚线模糊；无逻辑错误）	15	32.6
	C	整体上基本像二点透视图，但是个别辅助线未能汇聚到相关透视点。	10	21.8
	D	明显未按透视规律绘图，存在严重逻辑错误。	0	0
检测分析	从统计数据看，整体上全班同学基本理解了二点透视图的形成原理，初步掌握了"视平线、消失点、竖直棱"要诀，能够绘制简单物体（多功能学习用品盒）的二点透视图；普遍达成本节课教学目标。			
学生深度体验典型实例				

【教学附件】☞

设计的表达与交流（第 1 课时）学案

班级：　　　　　学号：　　　　　姓名：

1. 请翻看课本 70 页"技术实习"，思考能否完成这一任务。

2. 认真观看"多功能学习用品盒"模型（参照它的图片或参阅课本 76 页"技术实习"的图 3-22），将其二点透视图绘制在下方。

 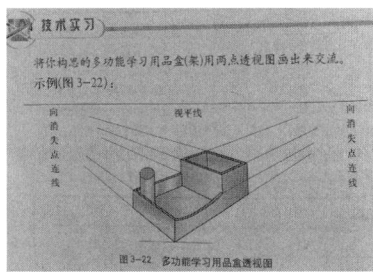

Word 中文字与段落操作技能

信息组　周大立

一、教学分析设计

【教材分析】☞

本节课的教学内容是广东教育出版社高中课程标准实验教材必修部分《信息技术基础》中的第三章第一节《用文本工具处理信息》的第 2 课时。该章节的主要内容是了解使用 Word 对文字和段落的操作技能进行复习和巩固，由于该部分知识技能是必考点，所以教师在执行教材内容时具有不同程度的添加。通过学生从小学到初中长期的 Word 学习，本节课有知识归纳的作用，更有让学生对 Word 的认识逐步加深的作用。由于该章节所提到的知识点均是以操作技能为目标，所以教师主要从文字和段落的相同之处与不同之处来分析，有意识地引导学生完成归纳和巩固知识，为他们将来使用 Word 工具奠定更好的技能基础。

【学生分析】☞

本学期的必修《信息技术基础》，相比较选修模块更注重信息技术的通晓性知识，学习难度并不大，所关注的是让学生对基础知识、基础技能实践的掌握。学生从小学到初中都在学习 Word，但学生对操作技能的掌握是非常不均衡的。由于是必考点，所以教师必须要求学生人人过关、人人重新练习。Word 操作技能看似简单，学生如果需要长期掌握其技能并在各个升级版本中有效应用，必须在现有的技能基础上进行归纳总结。

【目标分析】☞

1. 结果性目标

（1）能使用 Word，掌握其文字处理方法。

（2）能使用 Word，掌握其段落处理方法。

2. 体验性目标

体验 Word 中，文字与段落操作之间的联系。

【媒体分析】☞

课件：归纳总结以及展示重要的知识要点。

网络展示控制平台：用来集中演示课件以及展示个别学生的编程情况和结果。

【核心问题分析】☞

（1）核心问题：回顾 Word 中文字格式化操作，分析操作文字格式化的特点，体会与段落操作的联系。

（2）设计思想：以提出核心问题为引入，让学生明确整节课的任务和目标。以"回顾 Word 中文字格式化操作，分析操作文字格式化的特点，体会与段落操作的联系"为核心问题带动学生进入到体验活动中。学生需先根据所学完成 Word 中文字的操作任务；后根据完成的过程来反思、分析 Word 中文字处理的特点；通过教师的分析和总结来掌握文字格式化的操作要点。其后引入段落操作环节，引导学生把文字操作的知识与段落操作技能联系起来，学习相关的技能内容，找到相应的文字与段落操作的联系。在运用环节，再次进行段落操作的练习，加深对文字与段落操作知识的巩固，并且教师点评一些注意事项。

二、教学实施设计

【教学环节】☞

教学环节	教师活动	学生活动	设计意图
提出问题	1. 展示课题。 2. 提出核心问题：回顾 Word 中文字格式化操作，分析操作文字格式化的特点，体会与段落操作的联系。	理解核心问题。	制造气氛，激发兴趣，明白学习任务。
解决问题	1. 布置操作任务要求，学生任务中进行个别辅导。 2. 组织学生分析，总结文字格式化操作的要点。	1. 学生根据文档要求，完成任务。 2. 掌握归纳的要点，体会文字格式化操作的过程。 3. 探究文字与段落操作的联系。	学生通过操作任务，回顾文字格式化操作的过程。 学生理解文字格式操作要点关联段落操作的要点。
反思提升	1. 反思段落与文字操作之间的联系。 2. 分析段落操作的要点。	1. 从文字操作关联到段落操作技能。 2. 理解段落操作要点。	拓展讲解，提升认识。
运用反馈	1. 布置段落操作的实践任务。 2. 学生任务中进行个别辅导。 3. 点评。	1. 完成段落操作的实践任务。 2. 提交。	运用提升。
总结	根据完成情况进行点评。		

【评价预设】☞

对学生活动的预设：①学生可能存在对文字格式化操作及相关特点认识不准确；②根据学生完成情况，其联系段落操作特点不准确；③根据提升要求，其对段落操作及特点认识不准确。

本堂课中教师课堂评价的预设：①解决问题环节中对学生操作情况及文字格式化特点认识进行评价；②反思提升环节中对学生联系文字与段落操作的关联认识进行评价；③对学生运用段落的操作要点及完成段落操作的情况进行评价。

【板书设计】☞

核心问题：回顾 Word 中文字格式化操作，分析操作文字格式化的特点，体会与段落操作的联系
总结归纳
文字格式化操作要点　　　　　　　　　段落操作要点
（根据学生的发言和制作情况进行板书）

【教学流程】☞

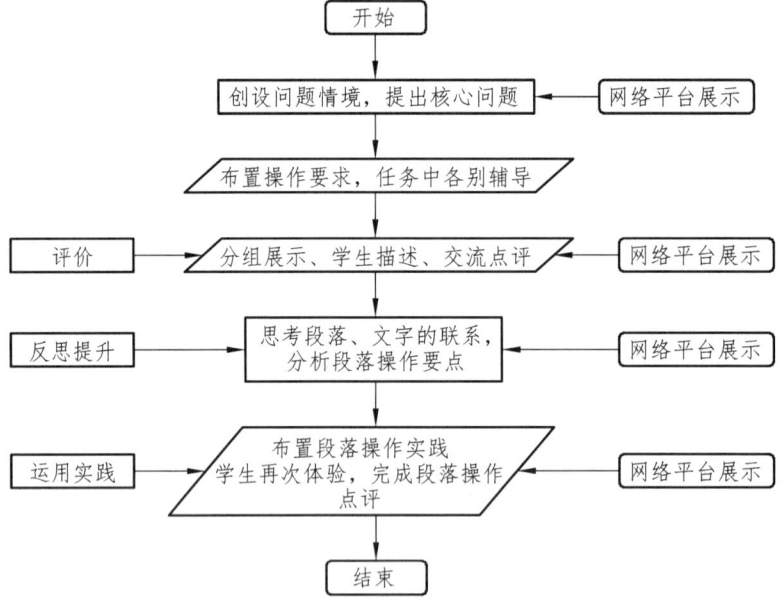

三、教学评价反馈

【自我评价】

核心问题教学评价表

评价目标	评价指标				评价结果
	一级指标	二级指标	三级指标		
实现活动体验中的学习与发展	具有核心问题的教学形态	核心问题利于活动体验	内含学科问题和学生活动方式	8	每项指标最高评8分，合计88分。
			问题情境与真实生活密切相关	7	
			能引发新知识、新方法的生成	7	
		教学目标价值引导恰当	两类目标正确全面	7	
			关联体验目标恰当	8	
			目标价值引导显现	7	
		教学环节完整合理落实	教学环节清晰完整	7	
			环节内容合理充实	7	
			学生活动时间充分	7	
		教学要素相互匹配促进	问题目标环节两两匹配	8	
			技术促进活动形式内容	8	
			学科特点突出氛围浓郁	7	
	具有核心问题的教学实质	拓展学习视野	课堂与现实世界有恰当关联		选择一个表现突出的二级指标，在相应三级指标引导下，以现场学生表现为依据，于本表的第二页写出150字以上的简要评价。
			有基于缄默知识的问题解决		
			有缄默知识运用的追踪剖析		
		投入实践活动	有真实而且完整的实践活动		
			能够全身心地浸渍于活动中		
			活动的内容结果均丰富深入		
		感受意义关联	有核心问题的深层意义感受		
			有以知识为中心的关联感受		
			有以个人为中心的关联感受		
		自觉反思体验	有实质性反思活动的开展		
			有课堂新因素的追踪利用		
			有体验的交流与改善重构		
		乐于对话分享	乐于自我表达与认真倾听		
			乐于合作中成果与思路的分享		
			有宽容的对话氛围和多向交流		

续表

评价目标	评价指标			评价结果
	一级指标	二级指标	三级指标	
实现活动体验中的学习与发展	具有核心问题的教学实质	认同体验评价	认可体验评价	
			参与体验评价	
			利用体验评价	

核心问题教学实质的简要评价（包括发展性建议）：

教学中难点知识的教学反馈需要调整，这次在运用核心问题教学解决问题活动中，问题分析和知识关联对现阶段学生而言，能够充分调动学生的学习兴趣和活动积极性，也能够让学生通过探究和操作实践形成个人成果。根据学生问题解决阶段的操作实践和知识总结，联系文字操作与段落操作的要点，个别学生的文本工具应用基础常识不够，学生需要重新掌握文字格式化操作的技能和要点，这对其后的段落操作造成了影响，所以需要学生要有一定的文字格式化操作知识。大部分学生在体验中，操作要点能够联系起来，找到操作的关联点，所以在以后的"文本段落加工"课程中，要充分分析操作要点，关联其操作要点，才能让学生对新技能、新知识进行快速有效的掌握。

【反馈调整】☞

体验性目标点检测表

课题名称	Word 中文字与段落操作技能				
核心问题	回顾 Word 中文字格式化操作，分析操作文字格式化的特点，体会与段落操作的联系				
教学目标	结果性目标	（1）能使用 Word，掌握其文字处理方法。 （2）能使用 Word，掌握其段落处理方法。			
	体验性目标	体验 Word 中，文字与段落操作之间的联系。			
检测点	通过文字格式化操作实践，归纳文字格式化的要点，探究与段落操作的联系，并运用到实践操作中。				
检测工具（题）	文字格式化实践操作的练习内容，归纳其要点与段落操作的联系、段落实践操作的练习内容。				
检测统计（学生总人数：39人）	分类等级	分类标准		学生人数	百分比/%
	A	根据文字格式化操作实践，能归纳文字操作的要点，根据其要点能关联出段落操作的要素，初步完成对文章段落的实践操作内容，对文字格式化操作与段落操作的联系有清晰的认识。		30	76.9
	B	完成文字格式化操作实践，能归纳文字操作的要点，较为清晰地认识到文字操作与段落操作的联系，但未能较好地完成对文章段落的实践操作内容，方法与技能未能很好的融合。		6	15.3

检测统计（学生总人数：39人）	C	完成文字格式化操作实践，能归纳文字操作的要点，但未能探究思考出文字操作与段落操作的联系。	2	5
	D	基础知识较为薄弱，未能完成文字格式化操作的实践内容，以至于探究关联未能实现。	1	2.6
检测分析	本课的体验性目标是能根据 Word 中文字格式化操作的练习，归纳出文字类操作实践的要点，根据总结的要点探究与段落操作的联系，最后运用其联系方法进行段落的操作实践。 　　一方面，从学生对关联性目标的体验深度看，有 76.9% 的学生通过本节课核心问题解决和反思提升，能正确归纳 Word 中文字格式化操作的要点，关联其与段落操作的联系，同时将归纳出的方法运用到段落的实践操作中。有 15.3% 的学生也能完成文字格式化要点的归纳，并与段落的操作建立联系，探究出段落操作的要素，但对所探究出的操作方法认识不够深刻，方法与实践没有很好地结合，故没有完成段落实践操作的运用练习。有 5% 的学生完成了文字格式化的操作，并对其方法进行了归纳总结，找到了操作要点，由于对计算机及其软件的运用知识较为欠缺，没有有效地扩展、探究其段落操作的操作要点，这说明学生对计算机软件的操作和认识不够，对 Word 的认识也不足，对其已经掌握的实践操作知识更多的是记、背下来的，没有实现理解贯通。 　　另一方面，有 2.6% 的学生未能完成文字格式化的操作实践，无法入手，其原因主要还是在初中信息课程学习以及生活中缺少 Word 的实践经验。该学生的培养需要一个较为长期的过程，需要对以前欠缺的基础操作知识进行复习，并对其操作方法进行提炼和领会。只有从已有的方法认识中去探究才能找到进一步的操作技能和操作方法。			

计算机病毒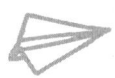

信息组 杨 洋

一、教学分析设计

【教材分析】☞

1. 本节课在教材中的地位和作用

本节课的教学内容选自广东教育出版社的《信息技术基础》中的第六章第一节的内容。通过本节课的学习，学生体验并总结计算机病毒的防治方法，增强自觉防范计算机病毒的意识。本节课在知识构成上重点介绍了计算机病毒的定义及其特点，并深入探讨计算机病毒的防治知识。在此基础上，拓展计算机病毒的传播途径和危害性的知识。

2. 本节课对应的课标内容

掌握防御计算机病毒基本方法，学会判断计算机病毒，能够正确理解计算机病毒并遵循信息社会规范。

3. 本节课对应的信息技术核心素养分析

信息意识：现代社会，学生面对的是纷繁复杂的网络信息，并通过各种方式去识别计算机病毒，这一过程能逐渐培养学生对信息的分析力和判断力。

信息社会责任：学生在了解计算机病毒可能对个人、群体乃至社会造成影响后，进一步学习计算机病毒的危害，从而逐渐培养学生正确的信息社会价值观，自觉遵守信息社会规范。

【学生分析】☞

学生通过前面的学习，具备了一定的信息搜集、处理、表达能力，会上网，能够使用搜索引擎搜索某一方面的信息。学生对网络有较浓厚的兴趣，但是对信息安全了解不多，信息安全意识相对比较淡薄。在使用计算机的过程中或多或少遇到过病毒，但大部分学生不知道如何正确处理；部分学生使用公用计算机的习惯不是太好，会将其他人的文件私自删除或是篡改，对信息安全问题的严重性缺乏足够认识。这也反映出，本节课的学习是非常必要的，本节课通过教师的启发式引导，学生可以自主探究完成本节课的学习。

【目标分析】☞

（1）能积极参与辨析活动，掌握计算机病毒的概念、本质、特点以及传播途径。
（2）能对计算机病毒形成敏锐的判断力，并体验在计算机病毒与信息安全之间的关联。

【媒体分析】☞

计算机网络教室（含互联网、广播教学平台）、投影仪、在线网站、PPT课件。

【核心问题分析】☞

核心问题：观看案例视频，上网搜索计算机病毒的特征，并举例。

基于以上分析，在研究教材和学情以后，教师拟重组教材，设计一个核心问题来贯穿课堂，该问题具备贴近学生学习生活的问题情境，具备适当开放性，在该问题的解决过程中，学生既感受到影响信息价值判断的要素之间的关联，又能呈现出一定的辩证思维。

联系近段时间央视报道的一个计算机病毒实例，教师拟定了上网搜索计算机病毒的特征这一活动任务，这个视频内容与学生的生活密切相关，会引发学生的兴趣，同时网络上关于计算机病毒的介绍比较多，他们通过简单的搜索就可以自己了解计算机病毒的相关特征。但在归纳特征的同时，学生需要对每一个特征举出相对应的案例。通过实际案例关联具体特征，学生能够深度体验到计算机病毒的各种特征。

在具体教学环节中，学生参与搜索活动，教师观察和搜集学生存在的活动障碍，并适时予以引导，再请学生对核心问题进行分析判断。在已经归纳了大部分计算机病毒特征的前提下，引导学生对核心问题进行理性分析、逻辑推理及网络验证，从而形成关于计算机病毒具体案例及计算机病毒特征的归纳，完成问题解决过程的深度体验。有了这样的深度体验，归纳提升环节也就水到渠成。

二、教学实施设计

【教学环节】☞

教学环节	教师活动	学生活动	设计意图
提出问题	1. 引入情境，营造气氛。 2. 播放案例视频。 3. 提出核心问题：观看案例视频，归纳计算机病毒的特征，并举例。	1. 进入情境。 2. 观看、思考。 3. 理解核心问题，做好活动准备。	1. 引起学生对课堂内容的兴趣。 2. 用核心问题引起学生的兴趣，调动、引导学生参与学习活动。

教学环节	教师活动	学生活动	设计意图
解决问题	1. 巡视、观测，及时发现学生活动中的问题。 2. 选取学生学案，组织讨论，板书学生观点。	1. 学生根据核心问题，完成学案。 2. 展示自己学案，并做出自己的总结。	1. 学生在自主活动中发现问题，尝试自我解决问题。 2. 分析的思维过程展示，观点碰撞。
反思提升	1. 引导学生反思核心问题解决的全过程，根据学生学案完成情况，完善计算机病毒的特征（①隐蔽性，②潜伏性，③传染性，④表现性，⑤破坏性，⑥可触发性，⑦非授权可执行性）。 2. 反思并强调整个活动过程所涉及的信息技术核心素养（①信息意识；②信息社会责任）。	反思核心问题解决的过程，计算机病毒特征是否完整，举出的例子是否恰当。	1. 完成计算机病毒与信息安全之间的关联。 2. 完成计算机病毒与信息意识，信息社会责任之间的关联。
应用反馈	1. 完成学案：计算机病毒各种案例与特征的连线图。 2. 引导学生分享、总结本课内容。	1. 根据反思提升得出方法，去分析每个案例所变现出来的特征。 2. 分享思考成果。	对案例进行分析判断，再次验证和体验计算机病毒与合格数字公民之间的关联。

【评价预设】 ☞

（1）提出问题环节，课堂评价以引导性语言评价为主。提升学生兴趣，引入核心问题。

（2）解决问题环节，学生在展示学案，讨论交流时，有相应的评价活动。此时的评价活动可以通过教师引导学生分享思考成果，总结并提炼学生回答；教师多角度、多方面鉴别评价该案例相关的计算机病毒的特征等关键信息，并板书。

（3）反思提升环节，此时的评价活动以教师引导性和总结性语言评价为主。引导学生对解决问题环节的成果进行反思总结并归纳知识点、方法和价值观。

（4）应用反馈环节，评价学生学案时有相应的评价活动。此时的教师评价一定要从上一环节提升的知识方法价值观等方面，以及学生的掌握情况方面进行评价。

【板书设计】 ☞

```
                    2.3 信息的鉴别与评价

核心问题：          学生回答板书部分（预设）：    归纳部分（预设）：
观看案例视频，归    隐藏扩散长期潜伏减慢运行速度    隐蔽性    潜伏性
纳计算机病毒的特    具有激发条件……               传染性    表现性
征，并举例。                                    破坏性    可触发性
                                                      非授权可执行性
                                               信息意识    信息社会责任
```

【教学流程】 ☞

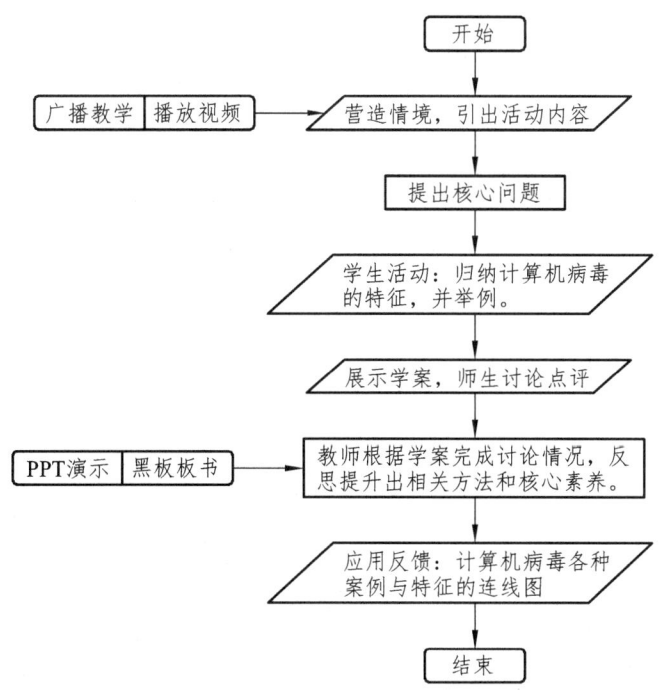

三、教学评价反馈

【信息搜集】 ☞

全班有 45 名学生，能 100%地完成计算机病毒各种案例与特征的连线图。

【自我评价】☞

核心问题教学评价表

评价目标	评价指标			评价结果
	一级指标	二级指标	三级指标	
实现活动体验中的学习与发展	具有核心问题的教学形态	核心问题利于活动体验	内含学科问题和学生活动方式	8
			问题情境与真实生活密切相关	8
			能引发新知识、新方法的生成	8
		教学目标价值引导恰当	两类目标正确全面	7
			关联体验目标恰当	8
			目标价值引导显现	8
		教学环节完整合理落实	教学环节清晰完整	8
			环节内容合理充实	7
			学生活动时间充分	8
		教学要素相互匹配促进	问题目标环节两两匹配	8
			技术促进活动形式内容	8
			学科特点突出氛围浓郁	8
				每项指标最高评8分，合计94分。
	具有核心问题的教学实质	拓展学习视野	课堂与现实世界有恰当关联	
			有基于缄默知识的问题解决	
			有缄默知识运用的追踪剖析	
		投入实践活动	有真实而且完整的实践活动	
			能够全身心地浸渍于活动中	
			活动的内容结果均丰富深入	
		感受意义关联	有核心问题的深层意义感受	
			有以知识为中心的关联感受	
			有以个人为中心的关联感受	
		自觉反思体验	有实质性反思活动的开展	
			有课堂新因素的追踪利用	
			有体验的交流与改善重构	
		乐于对话分享	乐于自我表达与认真倾听	
			乐于合作中成果与思路的分享	
			有宽容的对话氛围和多向交流	
				选择一个表现突出的二级指标，在相应三级指标引导下，以现场学生表现为依据，于本表的第二页写出150字以上的简要评价。

续表

评价目标	评价指标			评价结果
	一级指标	二级指标	三级指标	
实现活动体验中的学习与发展	具有核心问题的教学实质	认同体验评价	认可体验评价	
			参与体验评价	
			利用体验评价	

核心问题教学实质的简要评价（包括发展性建议）：

本节课的核心问题选题来自学生身边的真实案例，且和学生的生活密切相关，因此，很好地激发了学生的学习兴趣，从而使学生投入真实的课堂实践体验活动。

在解决问题实践活动过程中，学生根据核心问题"观看案例视频，上网搜索计算机病毒的特征，并举例"，很好地完成了课堂的体验活动。学生分享时，一位学生几乎回答了教师想要的所有答案，因此教师就未让其他学生继续分享，进而归纳出了本节课的知识方法价值观相应内容。既然核心问题出现了"归纳"两字，一位学生的分享很明显不能体现这两个字的含义，归纳需要在全班学生的分享过程中逐渐形成。因此在学生分享过程中，需要更多学生进行分享，需要有思维的碰撞，进而归纳出本节课需要的内容。

在反思提升过程中，需要根据学生分享进行反思，而本节课未对学生分享内容进行板书，故在反思过程中的依据未能呈现，因此需要对学生的分享内容进行大量的板书，方便在反思提升过程中有据可依，并且是根据学生的分享而生成。

【反馈调整】☞

体验性目标点检测表

课题名称	计算机病毒			
核心问题	观看案例视频，上网搜索计算机病毒的特征，并举例。			
教学目标	结果性目标	能积极参与辨析活动，掌握计算机病毒的概念、本质、特点以及传播途径。		
	体验性目标	能对计算机病毒形成敏锐的判断力，并体验在计算机病毒与信息安全之间的关联。		
检测点	在完成计算机病毒各种案例与特征的连线图过程中，体验计算机病毒与信息安全之间的关联。			
检测工具（题）	计算机病毒各种案例与特征的连线图。			
检测统计（学生总人数：45人）	分类等级	分类标准	学生人数	百分比/%
	A	10道连线题正确	32	71
	B	8~9道连线题正确	10	22
	C	6~7道连线题正确	3	7
	D	不超过5道连线题正确	0	0

检测分析	本节课以"观看案例视频，上网搜索计算机病毒的特征，并举例"为核心问题，学生通过观看计算机病毒实例视频，感受计算机病毒的危害，通过网络搜索相关信息，进而归纳计算机病毒的特征。学生再根据归纳的成果，完成计算机病毒各种案例与特征的连线图练习题，进行巩固。根据学生提交的学案，分析如下： A 等学案 32 份，占比 71%，10 道练习题全对； B 等学案 20 份，占比 22%，8~9 道练习题正确； C 等学案 3 份，占比 7%，6~7 道练习题正确； D 等学案 0 份，占比 0，未超过 5 道练习题正确。 学生先观看视频，激发学生的学习兴趣，在归纳计算机病毒的具体过程中，学生积极性非常高，能够快速通过关键字搜索出计算机病毒相应信息，并举出计算机病毒特征相对应的真实案例。在最后的巩固题中，A 等和 B 等学案占总学案的 93%，也反映出学生对计算机病毒特征的深刻体验。

本节课在板书的设计上需要加强。学生的回答要占据板书的重要位置，教师通过对学生回答的分析总结，进而形成本节课的新知识、新方法。在应用解决问题环节，由于网络速度的限制，很多学生搜索出来的网页打不开，教师可以预先把搜索的内容上传本地服务器，提供给学生搜索，提高学生的搜索速度，并且提供更加新颖的内容，激发学生的兴趣。

艺术组

- 音乐的形式要素　易新颖
- 艺术歌曲的成熟——舒伯特的歌曲　杨　歌
- 走进抽象艺术　刁国燕
- 工笔牡丹——分染法　何依芹

音乐的形式要素

艺术组　易新颖

一、教学分析设计

【教材分析】

本课所用教材是普通高中音乐课程标准实验教科书《音乐鉴赏》,《音乐鉴赏》为必修模块,《音乐的形式要素》是第一节课,教材中涉及的音乐要素等内容也是对义务教育阶段所学知识的回顾与提升。音乐语言是通过音乐要素构成的特定音响结构来实现情感交流和思想表现,音乐形式要素是音乐语言的主要表现手段,教材中内容与环节都围绕着音乐的形式要素开展,通过聆听《草原小姐妹》《梁祝》《小白菜》等多首音乐作品,在形式上构成了几乎全部的音乐形式要素特征和表现力。音乐形式要素构成了普遍认为"好听"的音乐的音响外层,如何深入了解和运用形式要素则是更高层面的学习,因此运用节奏、旋律的创编,是在感知、体验上进一步提升对音乐要素的理解与认识。音乐是人类精神文明的组成部分,是文化传承的重要形态与载体,在"好听"的基础上"听有所思,听有所想"是音乐鉴赏的主要目的之一。《欢乐颂》等经典音乐作品都体现了作者鲜明的情感表达及思想境界,五声调式更是对中华民族几千年灿烂文化思想的萃取与提炼,感受音乐的更高层面应该是"思想意境层"的聆听。

【学生分析】

《音乐的形式要素》是本模块的起始课,教材中涉及的音乐要素等内容也是对义务教育阶段所学知识的回顾与提升,对刚升入高中的学生也是一种衔接与过渡。因此,这一单元对学生形成良好的学习兴趣、促使学生今后更有效地学习音乐有重要作用。学生在初中阶段通过音乐课的学习已经有一定的简单分析音乐的能力。本节课重点是引导学生能从音乐的要素入手去分析、理解音乐。学生在教师引导下,在欣赏中从音乐要素入手去分析、理解音乐。并能结合自己的真实体验说出自己的感受,但要较准确、专业地认识到音乐要素在作品中的作用是比较困难的。同时,单纯地讲音乐要素较为枯燥,学生的参与性也不够强,在特定的作品中,让学生真正融入音乐欣赏的学习,需要教师的积极引导。所以在这方面要以兴趣为主,激发学生的求知欲望及潜能。

【目标分析】☞

1. 体验性目标

（1）了解音乐要素对音乐的构成及功能的作用，感受音乐内在的情感因素与思想内涵。

（2）能在不同风格音乐作品的聆听及相关文化的了解中，体验音乐要素带来的表现力及艺术效果。

2. 结果性目标

在节奏创编、五声调式乐曲的即兴创编中，体验创作的乐趣。

【媒体分析】☞

多媒体课件、钢琴、打击乐器。

【核心问题分析】☞

核心问题：从音乐形式要素——节奏、旋律、速度、力度、调式等入手体验音乐。

《音乐鉴赏》为必修模块，《音乐的形式要素》是第一节课。本节课按照核心问题教学模式展开，目的是促进学生深度体验性学习。音乐语言是通过音乐要素构成的特定音响结构，以此来实现情感交流和思想表现。通过提问讨论，引发思考，音乐"好听"在哪里，分享对"好听"的理解，初步关注音乐语言的表现形式。音乐形式要素是音乐语言的主要表现手段，教材中内容与环节都围绕着音乐的形式要素开展，通过聆听《草原小姐妹》《梁祝》《小白菜》等多首音乐作品，对比琵琶协奏曲《草原小姐妹》，感受不同音质的表现，从声音的产生说起，激发学生兴趣，感受频率构成的不同音响的效果，引导学生选择聆听高品质音响的音乐。聆听《梁祝》，感受最重要的形式要素——旋律，体验不同的旋律走向，更好地感受音乐。因此运用节奏、旋律的创编，是在感知、体验上进一步提升对音乐要素的理解与认识。通过节奏的创编，加深节奏的体验和认识，以此为引导，激发学生参与的积极性和创造意识，在以后相互配合，"玩转"节奏。最后通过所学的音乐形式要素尝试创编，如果创作一首欢快热烈的作品，会选用高音还是低音？旋律的走向是怎样的？速度是快速还是慢速？调式类别是大调式还是小调式？等等。学生在创编中发展创造性思维，增强音乐表现的能力，深入理解音乐的形式要素在音乐表现中的作用。

二、教学实施设计

【教学环节】☞

教学环节	教师活动	学生活动	设计意图
提出问题	1. 听音乐关注音乐要素。 2. 提出核心问题：从音乐形式要素——节奏、旋律、速度、力度、调式等入手体验音乐。	1. 听音乐，说出音乐要素包含哪些。 2. 理解核心问题。	由音乐引入，激起兴趣，明白学习任务。

教学环节	教师活动	学生活动	设计意图
解决问题	1. 播放音乐。 （1）《草原小姐妹》。 （2）《梁祝》。 （3）《小白菜》。 2. 引导学生写出自己的感受。	1. 欣赏音乐： （1）《草原小姐妹》。 （2）《梁祝》。 （3）《小白菜》。 2. 欣赏后，及时将自己的感受写在纸上。	学生通过欣赏不同风格的音频，初步感受音乐。
	3. 组织全班学生探讨，部分学生交流展示，做适当的引导、点评。	3. 探讨活动： （1）谈自己感受。 （2）全班交流、展示。	展示交流学生的感受、共同归纳、相互学习、补充。
反思提升	拓展讲解： 1. 通过欣赏注重音乐外围音响的重要印象——音质。 2. 从《梁祝》中引出最重要的形式要素——旋律。 3. 从《小白菜》中引出旋律的走向。 4. 音乐的骨架——节奏。 5. 聆听歌曲——速度、力度。 6. 调式。	1. 回归课本，理解知识。 2. 再度体验：音乐要素在音乐中的重要性。	拓展讲解、提升认识、深度体验。
运用反馈	1. 播放两拍子的鼓点伴奏，学生尝试创编节奏。 2. 根据学习的音乐形式要素为歌词创编旋律。	1. 创编节奏，加深节奏的体验。 2. 创编旋律，深入理解形式要素在音乐中的作用。	应用反馈、检测评价。

【评价预设】☞

1. 对学生活动的预设

（1）在第一次关注音乐要素的时候，部分学生对音乐要素的概念较模糊。

（2）在提出核心问题之后，学生基本能明确音乐要素的概念。

（3）在解决问题的过程中，通过不同风格的乐曲欣赏，学生能从音乐要素入手。

2. 教师课堂评价的预设

（1）在提出问题环节中，学生能明确音乐要素的概念。

（2）在解决问题环节中，教师引导学生从音乐要素入手去分析、理解音乐，并把具有代表性的要素总结出来。

（3）在运用反馈的环节，通过创编来加深学生对音乐要素的重要性的认识。

【板书设计】

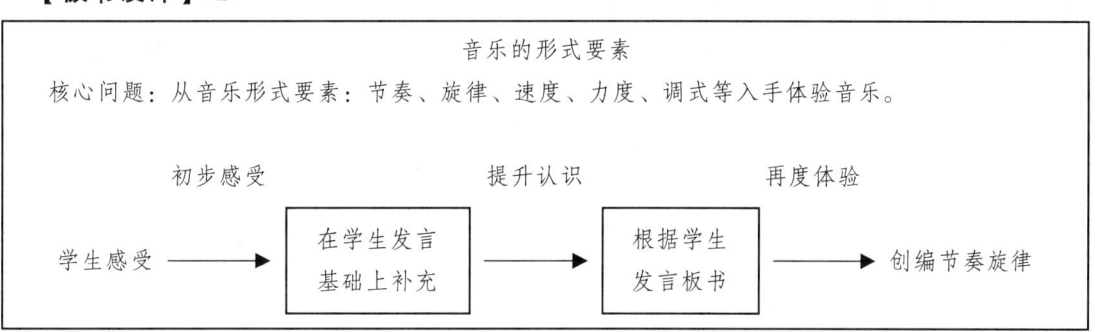

【教学流程】

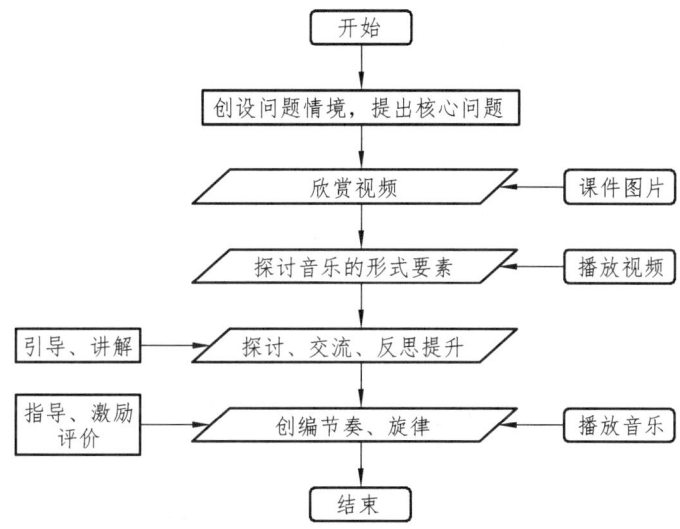

三、教学评价反馈

【信息搜集】

课后通过搜集学生的笔记,发现绝大部分学生能在核心问题提出来以后明确音乐要素的概念。

【自我评价】

核心问题教学评价表

价目标	评价指标				评价结果
	一级指标	二级指标	三级指标		
实现活动体验中的学习与发展	具有核心问题的教学形态	核心问题利于活动体验	内含学科问题和学生活动方式	8	每项指标最高评8分,合计86分。
			问题情境与真实生活密切相关	8	
			能引发新知识、新方法的生成	7	

续表

价目标	评价指标			评价结果
	一级指标	二级指标	三级指标	
实现活动体验中的学习与发展	具有核心问题的教学形态	教学目标价值引导恰当	两类目标正确全面	7
			关联体验目标恰当	7
			目标价值引导显现	7
		教学环节完整合理落实	教学环节清晰完整	8
			环节内容合理充实	7
			学生活动时间充分	8
		教学要素相互匹配促进	问题目标环节两两匹配	7
			技术促进活动形式内容	7
			学科特点突出氛围浓郁	7
	具有核心问题的教学实质	拓展学习视野	课堂与现实世界有恰当关联	选择一个表现突出的二级指标，在相应三级指标引导下，以现场学生表现为依据，于本表的第二页写出150字以上的简要评价。
			有基于缄默知识的问题解决	
			有缄默知识运用的追踪剖析	
		投入实践活动	有真实而且完整的实践活动	
			能够全身心地浸渍于活动中	
			活动的内容结果均丰富深入	
		感受意义关联	有核心问题的深层意义感受	
			有以知识为中心的关联感受	
			有以个人为中心的关联感受	
		自觉反思体验	有实质性反思活动的开展	
			有课堂新因素的追踪利用	
			有体验的交流与改善重构	
		乐于对话分享	乐于自我表达与认真倾听	
			乐于合作中成果与思路的分享	
			有宽容的对话氛围和多向交流	
		认同体验评价	认可体验评价	
			参与体验评价	
			利用体验评价	

核心问题教学实质的简要评价（包括发展性建议）：

本节课很多学生能在教师的启发和引导下去体验音乐的形式要素在音乐中的重要作用，但要学生用专业术语来描述体会到的音乐较困难。每段音乐欣赏后，学生及时将自己初步感受到的音乐以及所出现的音乐要素记录在纸上，然后通过教师变换不同的音乐风格，再丰富自己对音乐的形式要素在音乐中的感受，初步感受到音乐要素始终贯穿在音乐中。在反思提升时，紧扣教材，教师适当拓展讲解，通过乐曲的欣赏逐一将音乐的形式要素列举出来。学生根据所听到的鼓点节奏进行创编节奏，通过学到的音乐要素尝试创编旋律进行运用反馈。在探讨的过程中，教师要引导学生去得出自己的结论，学生应该多关注自己的感受。

【反馈调整】☞

体验性目标点检测表

课题名称	音乐的形式要素			
核心问题	从音乐的形式要素：节奏、旋律、速度、力度、调式等入手体验音乐。			
教学目标	结果性目标	95%的学生能通过本次课从音乐的形式要素入手去体验音乐，85%的同学能较好地通过具体的音乐要素表述出来。		
	体验性目标	了解音乐要素对音乐的构成及功能的作用，感受音乐内在的情感因素与思想内涵。		
检测点	能在不同风格音乐作品的聆听及相关文化的了解中，体验音乐要素带来的表现力及艺术效果。			
检测工具	全班以小组为单位进行展示			
检测统计（学生总人数：40人）	分类等级	分类标准	学生人数	百分比/%
	A	能明确写出不同风格音乐的情绪，以及具体说出有哪些音乐要素（全部说完）	17	42.5
	B	能明确写出音乐的情绪，以及具体说出有哪些音乐要素（只能说出大部分）	20	50
	C	能明确写出音乐的情绪，以及具体说出有哪些音乐要素（只能说出小部分）	2	5
	D	不能明确写出音乐的情绪，以及不能具体说出有哪些音乐要素	1	2.5
检测分析	从结果性目标的完成情况来看：根据课后搜集的情况统计表，经统计分析，发现全班有37名学生能较高质量地完成，学生在体验音乐上都得到了提升。 　　从体验性目标的完成情况来看：通过对检测数据的分析，本次课有42.5%的学生能很明确写出不同风格音乐的情绪，以及具体说出所有体验到的音乐要素，有50%的学生能较好地有所体验。就这一部分（92.5%）学生而言，除了掌握音乐的情绪，还能更深刻地领会音乐形式要素在欣赏中的重要性。针对剩下的7%的学生，教师课后做了了解，男生人数多于女生人数。主要原因在于上课没认真听教师所提的要求。			
学生深度体验典型实例	从音乐要素入手去分析、理解音乐。学生能在教师的启发和引导下去体验音乐的形式要素在音乐中的重要作用，但要学生用较强的专业术语来描述体会到的音乐则较困难。			
检测反馈	从本节课的教学情况看，学生很好地完成了教学目标，大多数学生能从音乐要素入手去分析、理解音乐。同时，本节课也符合核心问题教学文化外相评价和内核评价。核心问题有利于学生活动的体验，教学目标价值引导恰当，更明显的是拓展了学生学习视野，使学生积极地投入到实践活动中，通过探究活动自觉反思体验到了本节课需要解决的核心问题，完成了教学目标的要求和任务。			

本节课按照核心问题教学模式展开，目标是促进学生深度体验性学习。在听音乐后提出核心问题"从音乐的形式要素——节奏、旋律、速度、力度、调式等入手体验音乐"。本节课重点是通过欣赏音乐，探讨音乐的形式要素有哪些，这些音乐的形式要素在音乐中起到了什么样的作用。通过让学生欣赏不同风格的音乐作品，引导学生了解作品风格特征，教师还在课堂上简单明了地启发学生，从音乐要素入手去分析、理解音乐。学生能在教师的启发和引导下去体验音乐的形式要素在音乐中的重要作用。欣赏每段音乐后，学生及时将自己初步感受到的音乐以及所出现的音乐要素记录在纸上，然后通过教师变换不同的音乐风格，再丰富自己对音乐的形式要素在音乐中的感受，初步感受到音乐要素始终贯穿在音乐中。在反思提升时，紧扣教材，教师适当拓展讲解，通过乐曲的欣赏逐一将音乐的形式要素列举出来。学生根据所听到的鼓点节奏进行创编节奏，通过学到的音乐要素尝试创编旋律进行运用反馈。在探讨的过程中，教师要引导学生去得出自己的结论，学生应该多关注自己的感受。

艺术歌曲的成熟——舒伯特的歌曲

艺术组　杨　歌

一、教学分析设计

【教材分析】

（1）《艺术歌曲的成熟——舒伯特的歌曲》是人民音乐出版社高中音乐鉴赏教学中的内容，这一章节介绍了浪漫派音乐的不同题材与音乐特点。本节课重点介绍了舒伯特艺术歌曲的音乐特点与思想性，尤其剖析了作为艺术歌曲中不可或缺的钢琴伴奏部分，本节课是接下来学生对浪漫派器乐体裁作品学习的先导。

（2）本节课内容适合音乐基础教育普通高中一年级的学生。

（3）本节课分别从艺术歌曲《鳟鱼》和《魔王》中体验和分析艺术歌曲的特点。

【学生分析】

高中生经过小学与初中的音乐学习，已经具备了基础的音乐理解能力与音乐感受能力。这个年龄的学生是人生观、价值观、道德观形成的重要阶段，社会道德、伦理等观念逐渐形成。这个年龄段的学生情感需求强烈而不稳定，音乐教育恰恰是一种独特的审美性、情感性的教育，富有感染力的音乐会丰富学生内心对美的理解，而音乐作品深层次的内涵与思想性也会随着音乐体验潜移默化，影响学生的生活态度。

【目标分析】

1. 结果性目标

（1）掌握有关"艺术歌曲""声乐套曲"的基本知识。

（2）了解舒伯特的生平及其音乐创作，初步了解浪漫乐派的风格特点。

2. 体验性目标

聆听《魔王》《鳟鱼》《菩提树》，感受、体验歌曲的音乐情绪，认识歌曲所表现的思想内容，感受、体验并理解舒伯特艺术歌曲的风格特征。

【核心问题分析】

核心问题：探究浪漫主义时期舒伯特艺术歌曲的形式及风格特点。

了解舒伯特的生平及其音乐创作，初步了解浪漫乐派的风格特点，基本掌握基础知识"艺术歌曲"和"声乐套曲"。对于作曲者通过什么形式来表现情绪，学生们不能很好地理解和揣摩，只能凭借简单的节奏变化来感受情绪，对于稍微密集的节奏型学生就不能很好地辨别其特征形态，这反映出学生的乐理知识相对薄弱。

整节课按照核心问题教学的四环节展开：

（1）提出问题：介绍浪漫主义时期音乐的背景，介绍舒伯特的生平简介，提出核心问题：探究浪漫主义时期舒伯特艺术歌曲的形式及风格特点。

（2）解决问题：欣赏歌曲，体会歌曲的情绪、歌词的含义，了解伴奏形式和演唱方式以及创作目的。

（3）反思提升：再次欣赏歌曲，教师弹奏钢琴，引导学生哼唱旋律，让学生将歌曲情绪通过唱的方式表达出来，体会歌曲的情绪、歌词的含义，了解伴奏形式和演唱方式以及创作目的。学生小组合作学习，整理要点，自由发言、交流。

（4）运用反馈：
提问学生还知道哪些舒伯特的艺术歌曲以及中国的艺术歌曲。

二、教学实施设计

【教学环节】

教学环节	学生活动	教师活动	设计意图
提出问题	了解浪漫主义时期音乐的背景以及舒伯特的生平。	介绍浪漫主义时期音乐的背景，介绍舒伯特的生平，提出核心问题：探究浪漫主义时期舒伯特艺术歌曲的形式及风格特点。	深入理解浪漫主义时期的历史背景，帮助学生感受艺术歌曲形式特征。
解决问题	欣赏歌曲，体会歌曲的情绪、歌词的含义，了解伴奏形式和演唱方式以及创作目的。学生小组合作学习，整理要点，自由发言、交流。	教师播放音频《魔王》《鳟鱼》《小夜曲》，让学生体会情绪、了解伴奏乐器、演奏方式等。	进一步了解艺术歌曲的风格特征。
反思提升	学生在教师引导下归纳、反思、提升并用适当的情绪进行演唱。	再次欣赏歌曲，教师弹奏钢琴，引导学生哼唱旋律，让学生更深刻地将歌曲情绪通过唱的方式表达出来。	通过唱的形式更深入地体会歌曲要表达的情绪。
运用反馈	尝试运用、内化知识，以中西结合的方式欣赏赵元任、贺绿汀的艺术歌曲。	让学生说说自己还知道哪些舒伯特的艺术歌曲以及中国艺术歌曲。	学生能够运用新的归纳提升的知识和方法在新的情境中给出反馈。

【评价预设】☞

（1）由于艺术歌曲的流行年代与我们相对久远，因此学生对它的熟悉程度相对欠缺，学生不能很快地体会到其要表达的情感。

（2）教师在引导学生哼唱的过程中，发现学生对旋律较生疏，导致不能很好地完成旋律哼唱，只有少数学生能将音唱准，课后需要学生多听艺术歌曲，对其风格特征有更深入的把握。

（3）学生除了对旋律的生疏外，对其要表达的情感也不能很好地把控，让学生多聆听、多哼唱，使其更好地感受艺术歌曲的魅力所在。

（4）从这节课的学生的课堂表现和课后作业都能看出，学生通过深度体验，对浪漫主义的艺术歌曲有着更为浓厚的兴趣，感悟能力也得到了提升。只是每个学生的歌唱能力不同、音乐鉴赏能力参差不齐，从专业的角度分析的把握力度也不一样，在课余时间应该多加强这方面的鉴赏。

（5）根据聆听歌曲后是否能感受到正确的情绪、是否能抓住主旋律、是否能哼唱出来，完成点检测表。在课后作业检测中发现，有20%的学生能深刻体会浪漫主义时期舒伯特艺术歌曲的形式及风格特点，能准确有感情地模唱《鳟鱼》《菩提树》的旋律。有22.5%的学生能较准确地体会浪漫主义时期舒伯特艺术歌曲的形式及风格特点，能较准确地模唱《菩提树》的旋律。有40%的学生能体会浪漫主义时期舒伯特艺术歌曲的形式及风格特点，在模唱《鳟鱼》《菩提树》的旋律时个别音不准确。有17.5%的学生不能体会浪漫主义时期舒伯特艺术歌曲的形式及风格特点，不能准确地模唱《鳟鱼》《菩提树》的旋律。

【板书设计】☞

艺术歌曲的成熟——舒伯特的歌曲

核心问题：探究浪漫主义时期舒伯特艺术歌曲的形式及风格特点。

1.《魔王》
    歌词：歌德
    叙述的角色：叙述者、父亲、孩子、魔王
    伴奏乐器：钢琴
    旋律音调的特点：生动、活跃、轻松

2.《鳟鱼》
    表达的内容：表达作者对当时社会状况的不满 歌词诗词
    作者：舒伯特

3.《菩提树》
    歌词：缪勒
    反映的内容：流浪汉的心情
    伴奏乐器：钢琴

【教学流程】

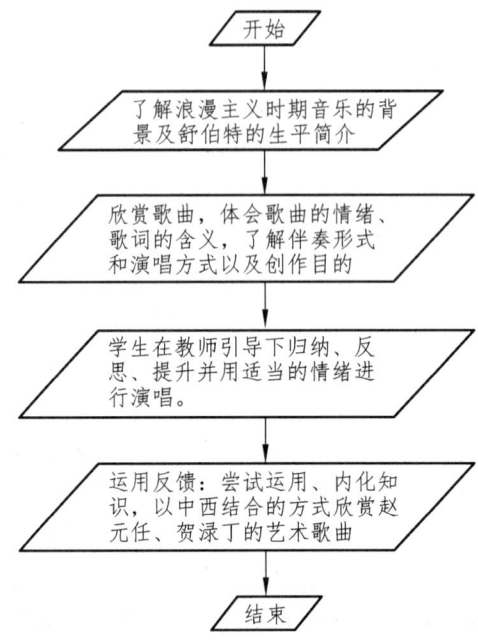

三、教学评价反馈

【信息搜集】

课后共搜集学生运用反馈检查题40份。以下是资料搜集情况：

检测统计 （学生总人数：40人）	分数等级	人数	百分比/%
	A	8	20
	B	9	22.5
	C	16	40
	D	7	17.5

课后搜集评课资料、课堂视频进行反馈调整。

【反馈调整】

体验性目标点检测表

课题名称	艺术歌曲的成熟——舒伯特的歌曲	
核心问题	探究浪漫主义时期舒伯特艺术歌曲的形式及风格特点。	
教学目标	结果性目标	1. 掌握有关"艺术歌曲""声乐套曲"的基本知识。 2. 了解舒伯特的生平及其音乐创作。初步了解浪漫乐派的风格特点。

续表

教学目标	体验性目标	聆听《魔王》《鳟鱼》《菩提树》，感受、体验歌曲的音乐情绪，认识歌曲所表现的思想内容，感受、体验并理解舒伯特艺术歌曲的风格特征。		
检测点	是否能准确深刻地体会浪漫主义时期舒伯特艺术歌曲的形式及风格特点，是否能准确有感情地模唱《鳟鱼》《菩提树》的旋律。			
检测工具（题）	在钢琴边哼唱旋律，以钢琴音为基准，录下自己的音频，以便比对。			
检测统计（学生总人数：40人）	分类等级	分类标准	学生人数	百分比/%
	A	能深刻体会浪漫主义时期舒伯特艺术歌曲的形式及风格特点，能准确有感情地模唱《鳟鱼》《菩提树》的旋律。	8	20
	B	能较准确地体会浪漫主义时期舒伯特艺术歌曲的形式及风格特点，能较准确地模唱《鳟鱼》《菩提树》的旋律。	9	22.5
	C	能体会浪漫主义时期舒伯特艺术歌曲的形式及风格特点，在模唱《鳟鱼》《菩提树》的旋律时个别音不准确。	16	40
	D	不能体会浪漫主义时期舒伯特艺术歌曲的形式及风格特点，不能准确地模唱《鳟鱼》《菩提树》的旋律。	7	17.5
检测分析	在课后作业检测中发现，有20%的学生能深刻体会浪漫主义时期舒伯特艺术歌曲的形式及风格特点，能准确有感情地模唱《鳟鱼》《菩提树》的旋律。有22.5%的学生能较准确地体会浪漫主义时期舒伯特艺术歌曲的形式及风格特点，能较准确地模唱《鳟鱼》《菩提树》的旋律。有40%的学生能体会浪漫主义时期舒伯特艺术歌曲的形式及风格特点，在模唱《鳟鱼》《菩提树》的旋律时个别音不准确。有17.5%的学生不能体会浪漫主义时期舒伯特艺术歌曲的形式及风格特点，不能准确地模唱《鳟鱼》《菩提树》的旋律。			
学生深度体验典型实例	在哼唱旋律时发现学生对节奏的把握还很欠缺，三连音的唱法应着重提出来练习，否则整体节奏不准确，由于学生在节奏上出错较多，更加上对音的不熟悉，导致部分学生很难流畅地唱完整首歌曲。			

走进抽象艺术

艺术组　刁国燕

一、教学分析设计

【教材分析】

作为人类三种主要艺术类型之一，抽象艺术也是人类认识和把握世界的一种重要方式，只不过它使用的是纯粹的艺术语言，抽象艺术有冷抽象和热抽象两种类型之分。通过本节课的学习，使学生了解抽象艺术的特点及其独特的艺术美的表现，进而能够自己创作抽象艺术作品。

【学生分析】

高中学生由于个体差异，抽象思维能力差别较大，数理化课程的思维培养是逻辑性的，这导致较多学生习惯于定向推理，发散思维不够，本课程正好培养抽象思维，这对学生创新意识的提升有一定帮助。很多学生在日常素质培养生活中，看到当代艺术存在大量抽象艺术，有很多困惑，不知如何欣赏抽象艺术。本课培养学生基本的抽象艺术鉴赏能力和引导学生创作自己的抽象艺术作品。

【目标分析】

1. 结果性目标

知识与技能：对抽象艺术有更深入、具体的认识，通过欣赏抽象艺术作品了解和认识抽象艺术的两种基本类型（冷抽象和热抽象），美术走向抽象的简单过程及抽象艺术的语言和艺术上的美的表现。

过程和方法：利用课件和视频步骤讲解，引导学生对抽象艺术的理解。

2. 关联性目标

在分析和解决抽象艺术作品的活动中，体验艺术与作品构想、意境特征的关联。

【媒体分析】☞

媒体名称	功能
PPT 课件	抽象艺术的相关图片、展示需解决的任务等，以方便全班共同交流、分享与分析。
黑板	板书核心问题，学生解决核心问题的主要内容、反思提升要点等。

【核心问题分析】☞

教学重点：抽象艺术的概念和冷热抽象艺术的特点的把握以及冷热抽象艺术作品的辨别。

教学难点：（1）如何结合原有的美术语言的知识来理解认识抽象艺术的概念。

（2）艺术如何发展到抽象的。

二、教学实施设计

【教学环节】☞

教学环节	学生活动	教师活动	教学意图
提出问题（5分钟）	问题思考探讨： 同学们分两组讨论，谈谈自己对这两幅作品的感受。 学生活动：分别请一位学生回答问题，然后找同组学生做补充。	向学生展示图片，提出问题，导入抽象艺术的概念。	抽象艺术和具象艺术、意象艺术不同的是，它不直接表现任何现实中的可视物，但不能因此说它与现实就没有任何关系。
	欣赏并思考画作的差异，积极发表自己的看法。	展示：《百老汇的爵士乐》《即兴之31》两幅作品。	抽象艺术的含义。
解决问题（10分钟）	学生分组讨论后回答问题： 1. 这幅作品使用的语言有哪些？不同的颜色块让你联想起什么？横竖交错的线条让你想起什么？ 教师活动：教师补充总结。 能力练习：欣赏几幅作品，判断它们是属于冷抽象还是热抽象艺术作品。	1. 抽象艺术及其两种形态（冷抽象，热抽象）。 （1）抽象艺术的含义？ 在20世纪初才开始逐步形成的一种用美术的基本语言元素和语言手段进行独立创作的美术类型。 （2）冷抽象、热抽象艺术的代表艺术家及观点。 冷抽象含义：代表人物：蒙德里安。 热抽象含义：代表人物：康定斯基。	提升学生欣赏画作的能力，并善于表达自己的观点，并体会画作所表达的情感，理解其中的生命力。

续表

教学环节	教师活动	学生活动	教学意图
解决问题 （10分钟）	2. 请学生先鉴赏纽约百老汇夜景的照片，然后一边听爵士乐《蓝色狂想曲》，一边欣赏蒙德里安的《百老汇的爵士乐》。	创设情境请同学们思考：为什么具象艺术能够如实地再现客观世界，而抽象艺术却完全排除现实形象的可辨性呢？艺术为什么会走向抽象？	
反思提升 （10分钟）	1. 艺术走向抽象的原因。 问题思考：请学生迅速浏览课本25页，回答问题：①抽象艺术的形成？②抽象艺术形成的原因？ （1）抽象艺术的形成： 19世纪中叶照相机的发明加速人们对美术的本质思考，20世纪初，抽象艺术的概念在西方已经基本确立 （2）抽象艺术形成的原因： 照相机的发明，现代的社会化大分工，西方科学理性的影响。 抽象艺术形成之后具有什么样的特点？ 2. 抽象艺术的特点。 分析性，即把艺术的各种语汇分析、抽离、孤立出来并加以夸大，甚至绝对化，这就形成了抽象艺术特殊的艺术美。 抽象艺术独特的艺术美包括：A. 形式与色彩；B. 构图与笔触；C. 材料与肌理；D. 空间与透视；E. 光影与运动。	欣赏美术和音乐的结合学生了解不是任意的涂抹都能称为艺术。教师展示点线面与音乐结合的平面构成作品，让学生谈音韵与画面符合的关系。	让学生自己来欣赏作品，判断作品的艺术美的表现。 知识补充：抽象艺术在我国的独特表现，抽象艺术在现代生活中的运用。 拓展：学生欣赏完这些作品后，跃跃欲试，都想创作抽象艺术作品。这时候教师要适时满足学生的愿望。
运用反馈	让学生听一首音乐，创作一幅抽象艺术作品。	动手实践，创作作品。	加强学生动手表现力，体会抽象表达。
	每组选出一张进行自评、互评、师评。	欣赏并评价作品。	激发学生兴趣，鼓励他们大胆表达。
	安排下节课的准备工作。	记住下节课的准备。	为下节课做准备。

【评价预设】☞

对学生活动的预设：

（1）因为对作品作者生平了解不够，可能会不知如何判断作品价值。

（2）对抽象风格把握不清晰。

对教师课堂评价的预设：

（1）在核心问题引入中，对学生是否能抓住主要方法进行评价。

（2）对学生观点的陈述进行评价。

（3）师生对学生通过讨论呈现出的结果，从内容丰富全面性等方面进行评价。

（4）运用反馈中，对学生的输出进行评价。

【板书设计】

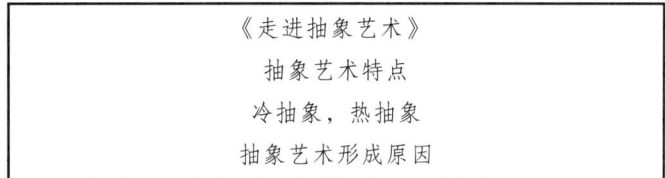

《走进抽象艺术》
抽象艺术特点
冷抽象，热抽象
抽象艺术形成原因

【教学流程】

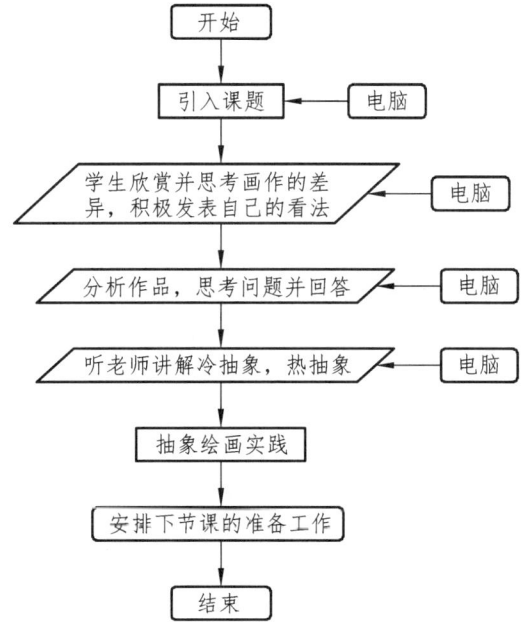

三、教学评价反馈

【信息搜集】

课后共搜集学生运用反馈检查题47份。以下是资料搜集情况：

检测统计 （学生总人数：47人）	分数等级	人数	比例/%
	A	17	36.2
	B	26	55.3
	C	4	8.5
	D	0	0

课后搜集评课资料、课堂视频进行反馈调整。

【反馈调整】☞

体验性目标点检测表

课题名称	走进抽象艺术				
核心问题	作为人类三种主要艺术类型之一，抽象艺术也是人类认识和把握世界的一种重要方式，只不过它使用的是纯粹的艺术语言，抽象艺术有冷抽象和热抽象两种类型之分，学生了解抽象艺术的特点及其独特的艺术美的表现，进而能够创作抽象艺术作品。				
教学目标	结果性目标	1. 知识与技能：对抽象艺术有更深入、具体的认识，通过欣赏抽象艺术作品了解和认识抽象艺术的两种基本形态（冷抽象和热抽象），美术走向抽象的简单过程及抽象艺术的语言和艺术上的美的表现。 2. 过程和方法：利用课件和视频讲解引导学生加深对抽象艺术的理解。			
	体验性目标	高中阶段的学生具有了欣赏和分析艺术作品的基本能力，但进一步鉴赏理解艺术作品的能力还不足，表现力也较弱，这个年龄阶段对富有挑战性的事物比较有兴趣，对美术多方面、多领域也富有好奇心。青春期的学生比较活跃，此课又需工整细致，所以对学生的细心和耐力有一定的要求，教师注意有效的引导。			
检测点	学生是否掌握了抽象画法，并画出正确概念的抽象画。				
检测工具（题）	画一张抽象画。				
检测统计（学生总人数：47人）	分类等级	分类标准		学生人数	百分比/%
	A	能充分认知冷热抽象画概念，识别抽象画		17	36.2
	B	能体会抽象画的创作手法，画面抽象		26	55.3
	C	能尽量体会冷热不同类型的抽象画创作思路		4	8.5
	D	不能体会抽象画的创作手法，画面具体写实或画面粗糙。		0	0
检测分析	在课后作业检测中发现，有91.5%的学生能深刻体会抽象画的创作手法，形式抽象，具备一定美感。其中有36.2%的学生还能将自己的情感思考共鸣诉诸笔端，表达自己的观念。有8.5%的学生能尽量体会抽象画的创作手法，但画面放不开，被写实思维束缚，还需多加欣赏练习。经过这次作业检测，我惊喜地发现所有的学生都有自己的感受和观点，不盲从，D等级的人是零个，展现了很好的艺术修养和品质。从这节课的学生的课堂表现和课后作业都能看出，学生通过深度体验对抽象画有着更为浓厚的兴趣，感悟能力也得到了提升。只是每个学生平时积累的程度不一，从专业的角度分析的把握力度也不一样，在今后的学习中还要多加练习和鉴赏。				

续表

	学生示例:
学生深度体验典型实例	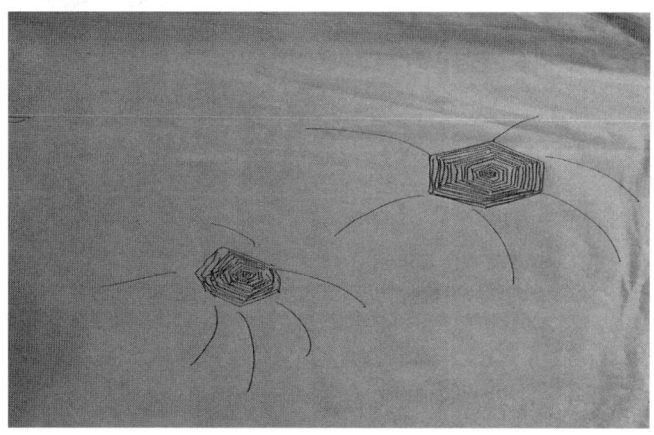

续表

学生深度体验典型实例	

工笔牡丹——分染法

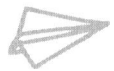

艺术组　何依芹

一、教学分析设计

【教材分析】

本单元是新课标绘画选修课程中的第一个单元模块，该模块的主题是中国艺术的精华——中国画。作为开篇之课，目的在于让学生感受传统文化的博大精深，了解中国传统绘画的艺术特征。课程的第一部分是关于中国画的基础知识介绍，了解中国画特有的绘画工具"文房四宝"以及专门的中国画颜料，初步探寻中国画丰富的表现手法和独特的表现形式，以及千百年来我国画家在实践中形成的审美理念。第二部分是山水画，第三部分是花鸟画，第二、三部分课程又分为工笔画和写意画这两种门类，教师从欣赏和绘画两方面指导学生学习。

分析了整个模块的教学内容后，我结合对学生知识技能方面的要求以及各板块之间的关联，选择了工笔画教材中的一个学生习作——"工笔牡丹"来对工笔画这门技法进行教学。中国绘画史上，工笔画占据着举足轻重的地位，是我国写实艺术的高峰。工笔花鸟则是工笔画的一个重要分支，它起源于盛唐、成熟于五代、兴盛于宋元时期。

【学生分析】

学生对于中国画有一个起码的了解和认识，骨子里就有这样的审美理念。但中国画历史悠久，文化内涵深刻，有些学生望而生畏，不喜欢这样抽象的中国画，对具象的油画或者是卡通的动漫更感兴趣。所以教师在激发学生的学习兴趣上尤为重要。

高二的学生有一定的文学底蕴，本单元我设计了四次课来完成教学，通过这四次课的学习，学生可以完整地画完一幅作品，系统地学习工笔画这种艺术形式。第一节课设计了白描技法的学习，第二、三节课是分染技法，第四节课是罩染技法的学习。通过前两次国画技法课的学习，学生对工笔画有所了解，产生了极大的兴趣，但对分染法这一技法怎样突显出物体的结构还把握不准确，这跟学生平时的观察能力有一定的关系。所以这几次课我会对学生分染的花朵效果进行总结，让学生认识到问题出现在哪里，遇到了这样的问题我们还能怎样修改。并用于接下来牡丹花叶的塑造。由于高中阶段美术课课时原因，学生能画画的时间不多，能耐心完整地画出一张工笔作品对于学生而言是一个挑战，更是审美能力的历练。

【目标分析】☞

（1）能亲手去完成一幅工笔牡丹作品。了解工笔画中白描、分染罩染等技法，以及使用这些技法的原因。

（2）能联系生活实际，能掌握国画中诗书画印为一体的构图方式，来设计自己作品的构图和意境。

多媒体课件：PPT，投影仪，展示学生创作作品的辅助图片。

黑板：板书核心问题和学生解决问题时的各种想法。

实物展板或者投影：展示学生作品、教师示范作品。

笔墨纸砚：教师示范作品。

【核心问题分析】☞

1. 核心问题

讨论修改牡丹花的分染效果的不足点，并用分染法画出牡丹叶子。

2. 整节课按照核心问题教学的四环节展开

（1）提出问题环节：营造情境，提出核心问题——讨论修改牡丹花的分染效果的不足点，并用分染法画出牡丹叶子。

（2）解决问题环节：展示学生的作品，讨论不足点的形成原因并尝试修改牡丹花朵的效果。

（3）反思提升环节：教师总结分染方法，并示范叶子的分染画法。

（4）运用反馈环节：学生使用分染法画出牡丹叶子。

二、教学实施设计

【教学环节】☞

教学环节	教师活动	学生活动	设计意图
提出问题（2分钟）	营造情境，提出核心问题：讨论修改牡丹花的分染效果的不足点，并用分染法画出牡丹叶子。	展示作品，引起兴趣，领会问题，进入思考。	通过展示学生作品，效果各异的作品一目了然，引起学生兴起，方便学生总结。
解决问题（15分钟）	展示学生的作品，讨论不足点的形成原因并尝试修改牡丹花朵的效果（画面效果平面，立体感不强等）。	学生根据作品总结出现该效果的原因，并思考修改方法修改自己的牡丹花朵。	启发学生思考自己作品出现的问题，并对于学生作品开展互评式参观。
反思提升（5分钟）	教师总结，并示范叶子的分染画法。	学生随教师的讲解提升，思考分染技法在工笔画中的运用及其效果。	通过将学生在解决问题活动中的信息进行概括提炼，形成美学知识点，并示范创作过程，提升学生体验。

续表

教学环节	教师活动	学生活动	设计意图
运用反馈 （18分钟）	学生练习绘画叶子。	感受笔墨情趣，深度体会分染法的技法创作。	深化学生感悟，学生的身体活动体验和思维活动体验由理论到实践，由缄默到显性，逐渐开展形成高潮，有利于学生体验向深度发展。

【评价预设】☞

本节课教师评价及学生评价始终围绕核心问题展开。
（1）在学生作品展示时，引入核心问题，引起学生对于工笔画的兴趣。
（2）在解决问题时，对学生作品是否正确使用分染法的不同效果进行评价。
（3）反思提升中，对归纳分染法在工笔画中不同画面位置的使用方式进行评价。
（4）运用反馈时，对学生是否理解分染法并用于自己画中画出牡丹不同位置的结构进行评价。

【板书设计】☞

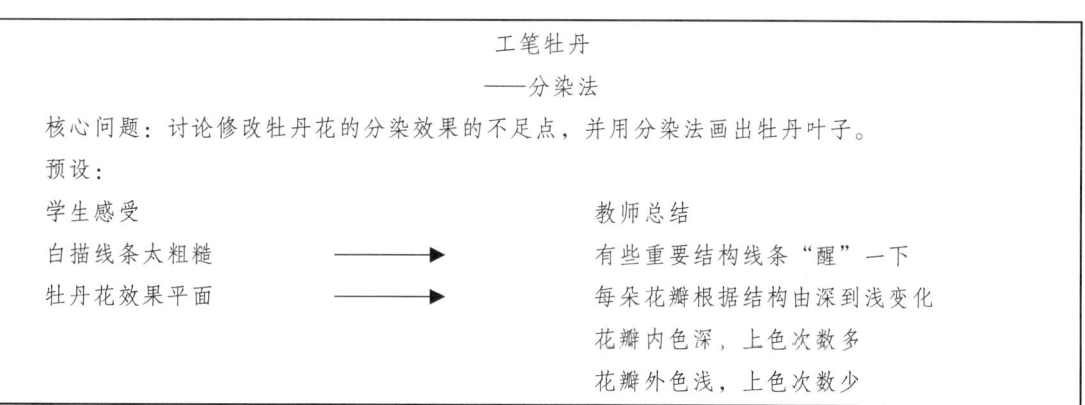

【教学流程】☞

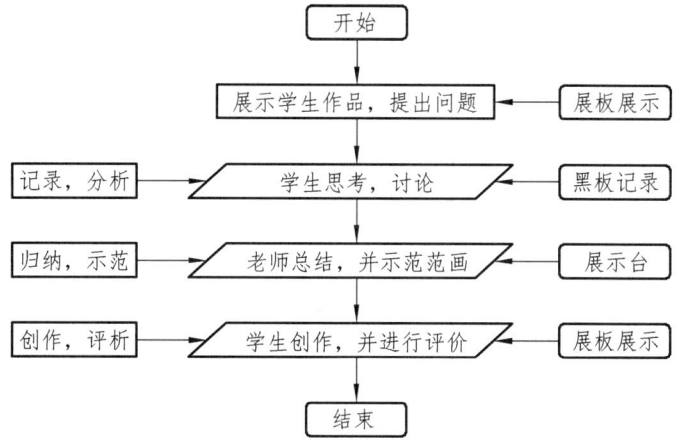

三、教学评价反馈

【信息搜集】

课后共搜集学生运用反馈检查题47份。

检测统计 （学生总人数：47人）	分数等级	人数	百分比/%
	A	17	36.2
	B	26	55.3
	C	4	8.5
	D	0	0

课后搜集评课资料、课堂视频进行反馈调整。

【自我评价】

核心问题教学评价表

评价目标	评价指标			评价结果
	一级指标	二级指标	三级指标	
实现活动体验中的学习与发展	具有核心问题的教学形态	核心问题利于活动体验	内含学科问题和学生活动方式	8
			问题情境与真实生活密切相关	8
			能引发新知识、新方法的生成	7
		教学目标价值引导恰当	两类目标正确全面	7
			关联体验目标恰当	7
			目标价值引导显现	7
		教学环节完整合理落实	教学环节清晰完整	8
			环节内容合理充实	7
			学生活动时间充分	8
		教学要素相互匹配促进	问题目标环节两两匹配	8
			技术促进活动形式内容	7
			学科特点突出氛围浓郁	8

每项指标最高评8分，合计86分。

续表

价目标	评价指标			评价结果
	一级指标	二级指标	三级指标	
实现活动体验中的学习与发展	具有核心问题的教学实质	拓展学习视野	课堂与现实世界有恰当关联	选择一个表现突出的二级指标，在相应三级指标引导下，以现场学生表现为依据，于本表的第二页写出150字以上的简要评价。
			有基于缄默知识的问题解决	
			有缄默知识运用的追踪剖析	
		投入实践活动	有真实而且完整的实践活动	
			能够全身心地浸渍于活动中	
			活动的内容结果均丰富深入	
		感受意义关联	有核心问题的深层意义感受	
			有以知识为中心的关联感受	
			有以个人为中心的关联感受	
		自觉反思体验	有实质性反思活动的开展	
			有课堂新因素的追踪利用	
			有体验的交流与改善重构	
		乐于对话分享	乐于自我表达与认真倾听	
			乐于合作中成果与思路的分享	
			有宽容的对话氛围和多向交流	
		认同体验评价	认可体验评价	
			参与体验评价	
			利用体验评价	

【反馈调整】☞

体验性目标点检测表

课题名称		工笔牡丹——分染法
核心问题		讨论修改牡丹花的分染效果的不足点，并用分染法画出牡丹叶子。
教学目标	结果性目标	1. 能使用分染法画出牡丹的结构。 2. 能自己构图设计出诗书画印一体的工笔画作。
	体验性目标	1. 在学生讨论活动中，能明白分染法使用的目的。 2. 能在绘画的过程中体会到工笔画独有的美感。 3. 能静下心来观察生活，热爱生活，树立健康的审美情趣，为我国优秀的传统文化感到自豪。

续表

检测点	学生是否掌握了分染法的画法，并画出设色细腻、结构突出的牡丹花。			
检测工具（题）	用分染法给牡丹上色。			
检测统计（学生总人数：47人）	分类等级	分类标准	学生人数	百分比/%
	A	能充分体会分染法的创作手法，画面设色细腻，肌理明显。完美地体现出牡丹花的质感。带给人淡雅高贵的感受。	17	36.2
	B	能体会分染法的创作手法，画面设色细腻，肌理明显。较好地体现出牡丹花和叶的质感。带给人淡雅高贵的感受。	26	55.3
	C	能尽量体会分染法的创作手法，画面设色断层，肌理不太明显，能体现牡丹花的质感。带给人淡雅高贵的感受。	4	8.5
	D	不能体会分染法的创作手法，画面设色呈断层状，肌理不明显，画面平面。不能体现出牡丹花的质感，画面粗糙，应付。	0	0
检测分析	在课后作业检测中发现，有91.5%的学生能深刻体会分染法的创作手法，画面设色细腻，肌理明显，完美地体现出牡丹花的质感，带给人淡雅高贵的感受。其中有36.2%的学生还能将自己的情感共鸣诉诸笔端，设计诗书画印完美融合的构图。有8.5%的学生能尽量体会分染法的创作手法，但画面设色断层，肌理不太明显，牡丹花显得有些平面，还需多加欣赏练习。经过这次作业检测，我惊喜地发现所有的学生都有自己的感受和观点，不盲从，展现了很好的艺术修养和品质。从这节课的学生的课堂表现和课后作业都能看出，学生通过深度体验，对工笔画产生了更为浓厚的兴趣，感悟能力也得到了提升。只是每个学生平时积累的程度不一，从专业的角度分析的把握力度也不一样，在今后的学习中还要多加练习和鉴赏。			

续表

| 学生深度体验典型实例 | 学生示例：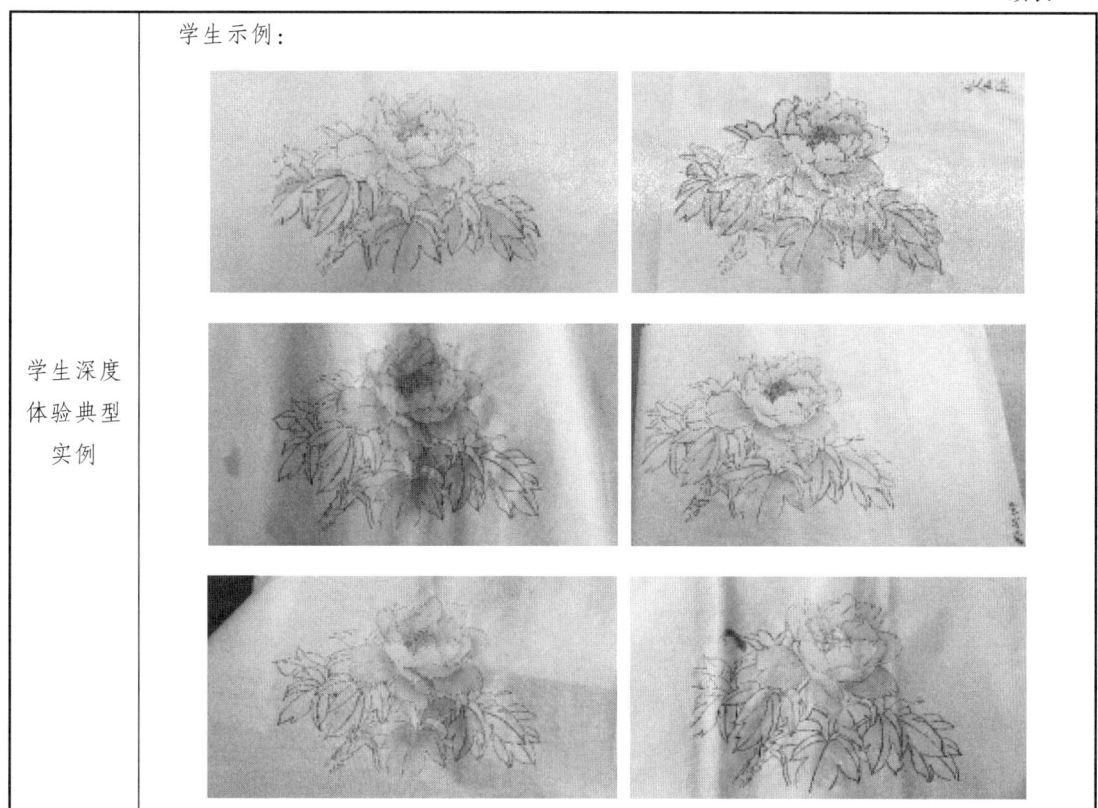 |

心理组

- 变压力为动力　黄立刚
- 艾滋病（AIDS）　何　平
- 语言的力量　吴林桦

变压力为动力

心理组 黄立刚

一、教学分析设计

【教材分析】

压力是当人们去适应由内外环境引起的刺激时，人们的身体或者精神上的反应，它可能对人们身心健康状况产生积极或者消极的影响。压力是心理压力源和心理压力反应共同构成的一种认知和行为体验过程。

压力源是引起压力反应的因素，包括生物性压力源、精神性压力源、社会环境性压力源。生物性压力源直接阻碍和破坏个体生存与种族延续，包括躯体创伤和疾病、饥饿、性剥夺、睡眠剥夺、感染、噪声、气温变化等。精神性压力源直接阻碍和破坏个体正常精神需求的内在和外在，包括错误的认知结构、个体不良经验、道德冲突以及长期生活经历造成的不良个性心理特点。社会性压力源直接阻碍和破坏个体社会需求，包括重大社会变革、重要人际关系破裂等。造成心理问题的压力源绝大多数是综合性的，在生物性或社会性压力源的背后，还隐藏着深层的精神性压力源。

"人生不如意十有八九。"生活在竞争激烈的现代社会，每个人都要面对来自工作、生活、学习和情感等多方面的压力。不同个性的学生对待同样的压力会有不同的反应。有些学生遇到压力后容易产生挫折感，以及焦虑、烦躁，而且长时间不能自拔。而有些学生能正确面对压力，尽管也会出现不适感，但他们能很快调整情绪。压力是把双刃剑，有消极的一面也有积极的一面。适度的压力可以让人们对周围的环境更加警觉，可以帮助人们加深对自我的认识，帮助人们设立更现实的目标，使我们增强自信心和成就感。压力可以是一种驱动力。

沉重的压力导致人们情绪不良，学习效率下降，生活质量降低，甚至引发疾病。

压力管理是对感受到的挑战或威胁性环境的适应性反应。压力管理策略包括认知调节、行为调节、改变生活方式、建立社会支持系统等。

从积极心理学的观点来看待考试压力，人们要学会去接纳，接纳的背后是跟自己的和解。"没有比较，就没有伤害！""父母的期待，急于证明自己。""对高中考试的误解。"高中阶段学生的"自我"还不稳定，会遇到很多压力事件，这是成长过程中必须去面对的。

从马斯洛的需要层次理论来看，学生渴望被认可，渴望找到安身立命的资本。但是，高中生在现实生活中，常常被否定，找不到成就感。比如考试，对大多数学生来讲是一种压力，如何面对学习压力，怎样在挑战面前积极应对？本节课旨在探索压力产生的原因，寻找应对压力的有效方法。

【学生分析】☞

高中阶段是青少年身心发展的重要时期，是青少年思想品质、人生观、自我意识、情绪情感、个性、人格等形成的关键时期。处于这个时期的高中生，其心理的发展具有成熟和幼稚、独立和依赖、自觉和盲动等诸多矛盾并存的特点，易于产生各种心理和行为问题。现在的高中生越来越优秀，但是他们又越来越脆弱。我校学生有理想、有目标、有追求，渴望成功、渴望被认可。但是，高中的学习有一定的挑战性，绝大多数学生可以正确面对，积极适应。也有一些学生出现较严重的心理问题，甚至心理疾病。

以学习压力为例，学习上的压力源主要来自以下几点：① 学业压力。由于学习科目增多，难度加大，对学生自学能力要求很高，如果学习方法不及时调整，容易出现问题。② 考试和成绩压力。学生对成绩高度关注，渴望获得高分。成绩落后的学生担心受老师冷落、同学歧视、家长责备，背上沉重的心理负担。成绩排名对于绝大多数学生是一种压力。③ 来自家庭的压力。父母都希望自己的孩子将来能有出息。当孩子的学习成绩不理想，父母对他们的期望越高，越关心他们、照顾他们，他们越会感到对不起父母，心里的负担会越来越重。带着一个很沉重的包袱去学习，越学越糟糕，这样就会形成恶性循环。④ 来自社会的压力。现在对人才的要求越来越高，要想在社会上有自己的立足之地，不被社会所淘汰，想谋求一份好的职业，就必须考取一个好的学校，培养高水平的能力。⑤ 来自自身要求的压力。调查表明，有65%的学生认为付出的努力产生的学习效果与自己的期望有距离，对自己的能力产生怀疑，出现自卑的心理。

本节课希望学生心理上有所准备，能正视压力，不回避、不逃避，迎难而上，战胜成长中的挑战。

【目标分析】☞

1. 结果性目标

（1）了解压力，认识压力的积极意义与危害。
（2）认识人们的压力反应。
（3）学习应对压力的一般策略，特别是认知调整策略。

2. 体验性目标

在谈论学习压力应对的活动中，体验压力与动力、认知改变与行为改变之间的关联。

【媒体分析】☞

黑板：记录讨论情况。在黑板上随时记录学生讨论的情况，将关键要点呈现出来，有助于学生反思和讨论。

PPT：呈现主要理论、观点。以 PPT 辅助教学，呈现的内容更加丰富，教学更生动，有助于维持学生的注意力。

【核心问题分析】

核心问题：讨论学习压力的应对策略，感悟积极阳光的思维方式。

关于压力管理的讨论，容易使学生陷入消极、被动的情境之中。给人感觉学习辛苦，生活艰难。因此，在教学设计中，引导学生转变看问题的角度，培养其积极的思维习惯。以积极心理学为指导，引导学生看到压力正向的、积极的部分。特别是引导学生认识到，许多成功者都是在巨大压力下，变压力为动力，最终过上幸福的生活，取得丰硕的成果。因此核心问题既讨论学习压力的应对策略，又让学生关注积极阳光的思维方式。

二、教学实施设计

【教学环节】

教学环节	学生活动	教师活动	设计意图
提出问题	1. 热身游戏——猜猜猜； 2. 学生听，思考。	1. 小白鼠实验（压力及其应对）。 2. 呈现平凡的人们面对生活压力，依旧幸福的生活。 3. 描述学习压力情境。引出提出核心问题"讨论学习压力的应对策略，感悟积极阳光的思维方式"。	通过动物实验，点出心理学知识都来自科学研究。 分享平凡人们在巨大压力下的幸福生活，认识到压力的两面性。 通过动物实验，学习压力应对的四个阶段，以及其对身心的影响。
解决问题	学生分小组结合个人经验来讨论； 小组代表报告讨论结果。	指导学生讨论； 引导学生多角度、多层次分析应对压力的方法。	学生分享观点，为理论分析打下基础。
反思提升	总结： 1. 关于压力的观念： （1）压力无处不在； （2）压力是双刃剑； （3）变压力为动力。 2. 关于应对策略： （1）改变认知； （2）行为调节； （3）平衡学习与生活； （4）建立支持系统。	解释压力的认知模型。 从应激源、中介系统到结果的不同，建立应对压力的认知模式。 解释人们可以控制的部分——改变认知、行为，建立支持系统。 强调： （1）多角度看问题； （2）积极应对压力； （3）形成积极的认知习惯。	结合讨论，适当讲一些理论。有助于学生形成解决问题的方法，在一个更高水平上学习、思考。
运用反馈	分小组讨论各自面临的压力，小组成员提供认知改变的具体策略。	强调"没有压力就没有动力"。 提出希望： 在压力中专注学习；在压力中感受幸福。	理论还是要落地才行，要与学生的实际生活相结合，这也是"四个环节"重要的部分。

【评价预设】☞

提出问题：这一环节，重在激活学生的缄默知识，通过白鼠实验，激活学生的相关间接经验。教师带着感情来讲这些故事，让学生理解：压力无处不在，要在应对压力的过程中感受幸福。没有克服压力的过程，也就没有幸福的感受。传递给学生"幸福都是奋斗出来的"的观念。

解决问题：以讨论、分享为主。这是积极思维导向下的问题解决。引导学生多角度看待问题，从发展的角度来看待问题，从积极应对的角度来看待问题。在回答学生的时候，要关注学生结合具体事例，突出他们在应对的时候，不同性格、不同人际关系、不同方法对压力管理的作用，同时，提醒学生重视理想、信仰在克服困难时的作用。

反思提升：结合学生的回答，进行理论上的分析。从两个层面进行总结，一个是应对压力的观念，另一个是应对压力的策略。这是一个认识提升的过程。

运用反馈：学生结合学习实际，在小组中运用所学的方法，这是策略具体化的过程。

【板书设计】☞

压力管理

核心问题：讨论学习压力的应对策略，感悟积极阳光的思维方式

1. 关于压力的观念：
压力无处不在
压力是双刃剑
变压力为动力
2. 关于应对策略：
改变认知
行为调节
平衡学习与生活
建立支持系统

【教学流程】☞

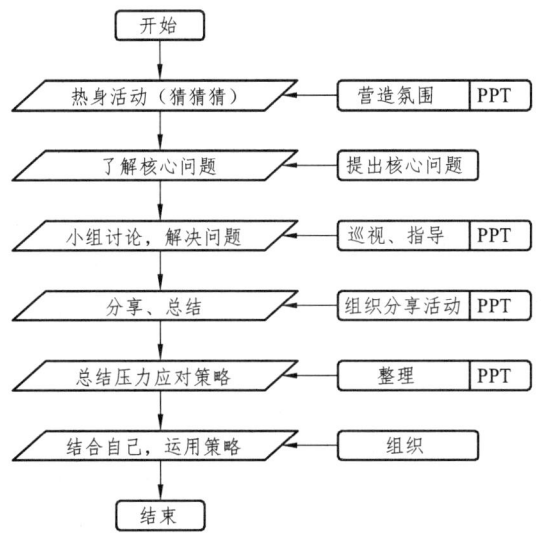

三、教学评价反馈

【自我评价】☞

核心问题教学评价表

评价目标	评价指标			评价结果
	一级指标	二级指标	三级指标	
实现活动体验中的学习与发展	具有核心问题的教学形态	核心问题利于活动体验	内含学科问题和学生活动方式	8
			问题情境与真实生活密切相关	8
			能引发新知识、新方法的生成	8
		教学目标价值引导恰当	两类目标正确全面	7
			关联体验目标恰当	8
			目标价值引导显现	8
		教学环节完整合理落实	教学环节清晰完整	8
			环节内容合理充实	8
			学生活动时间充分	7
		教学要素相互匹配促进	问题目标环节两两匹配	8
			技术促进活动形式内容	7
			学科特点突出氛围浓郁	8
	具有核心问题的教学实质	拓展学习视野	课堂与现实世界有恰当关联	
			有基于缄默知识的问题解决	
			有缄默知识运用的追踪剖析	
		投入实践活动	有真实而且完整的实践活动	
			能够全身心地浸渍于活动中	
			活动的内容结果均丰富深入	
		感受意义关联	有核心问题的深层意义感受	
			有以知识为中心的关联感受	
			有以个人为中心的关联感受	
		自觉反思体验	有实质性反思活动的开展	
			有课堂新因素的追踪利用	
			有体验的交流与改善重构	
		乐于对话分享	乐于自我表达与认真倾听	
			乐于合作中成果与思路的分享	
			有宽容的对话氛围和多向交流	

每项指标最高评8分,合计93分。

选择一个表现突出的二级指标,在相应三级指标引导下,以现场学生表现为依据,于本表的第二页写出150字以上的简要评价。

续表

评价目标	评价指标			评价结果
	一级指标	二级指标	三级指标	
实现活动体验中的学习与发展	具有核心问题的教学实质	认同体验评价	认可体验评价	
			参与体验评价	
			利用体验评价	
核心问题教学实质的简要评价（包括发展性建议）：心理课的教学，特别是高中的心理课，重要的是学生之间、师生之间的对话分享。在对话分享的过程中，去感受、感悟。本节课的教学过程中体现积极心理学的观点，从积极的角度去引导学生，从资源取向的角度进行学生对话、师生对话。恰当的核心问题有助于学生对话分享。在教学过程中，学生也围绕该问题，展开讨论，小组分享，全班分享，在学生对话、师生对话中将讨论引向深入。从认知改变、行为调节，到支持系统、人生追求。有学生说："一个人要有信仰。"体现了川大附中学生的高素质，同时也可以理解为从积极正面的角度来提出问题，有助于引导学生讨论分享时的思路。压力管理是一个很大的问题，如果知识讲解更具体一些，与学生的生活实际联系更紧密一些，可以让这节课更精彩。				

【反馈调整】☞

（1）核心问题比较恰当。问题涉及学生生活实际，是学生成长中重要的心理现象。在生源越来越好、更多聚焦于学业成绩比较的情况下，引导学生认识压力、应对压力显得很有价值。问题有积极的引导作用。高一学生容易受到暗示，课堂对学生应该具有价值引导作用，要引导学生积极、乐观地看待困难与挫折。

（2）存在的问题：设计的核心问题较大，可以激活学生更多的生活经验。因为压力可以是环境压力、学业压力，也可以是人际压力。在学生中，很多人还是会围绕着学习压力展开讨论。在最后的反馈运用环节显得太仓促。在调整的时候，拟设定一个具体的问题，请学生罗列应对之道，比如人际关系紧张、学习压力过重等。

艾滋病（AIDS）

心理组 何 平

一、教学分析设计

【学生分析】☞

艾滋病不仅仅是一个健康问题，同时也是一个社会问题，社会中的每一个成员都有可能成为艾滋病流行的直接或间接受害者。中国人民解放军302医院感染科主任周志平深感忧虑："毫不夸张地说，艾滋病是我们人类共同的敌人，它已成为威胁全人类生存的名副其实的'第一杀手'。然而，与这种严峻形势形成鲜明反差的是，公众对艾滋病流行的严重危害认识不足，相关政策落实不平衡，监测和检测系统尚不完善，在短时间内难以根除引发艾滋病流行的危险因素。尽管近年来我国为防治艾滋病做出了积极努力，防治工作也有所进展，但与防治的需求还有较大的差距，人们的艾滋病防治知识水平仍然较低，自我保护意识差，社会歧视依然不容乐观。"

中国是世界上人口最多的国家，自20世纪80年代以来，毒品泛滥，艾滋病传播，二者蔓延速度之快，令世人瞩目。我国艾滋病流行现状报告显示，我国报告的感染者和病人人数增加，艾滋病疫情进一步蔓延的危险因素仍然存在。

艾滋病主要侵害那些年富力强的20～45岁的成年人，而这些成年人是社会的生产者、家庭的抚养者、国家的保卫者，他们的损失对家庭、社会来说是无法弥补的。

艾滋病病毒（HIV）传播的主要途径是性接触（性行为）、血液、母婴，目前性接触已成为我国艾滋病病毒主要的传播途径，而这种生理的需要是人类的本能，从而极易造成大范围的传播，防不胜防。

中学生正处于青春发育期，对性产生了极大的好奇，而性教育的发展却远远落后于生理上的发展。在这样一个生长发育的特殊时期，中学生学习一些有关艾滋病的知识、掌握有关防治的艾滋病的方法，从社会学、医学及心理学上讲都具有重要的意义。

【目标分析】☞

（1）了解艾滋病的历史；

（2）了解艾滋病的科学知识、艾滋病的传播途径，掌握防治的方法；

（3）了解艾滋病与社会（政治、经济、文化等）的关系；

（4）了解艾滋病与人类身体健康的关系；

（5）积极地宣传艾滋病的有关科学知识和防治方法；

（6）不歧视艾滋病病毒携带者和艾滋病人，学会理解、尊重、关爱他们。

【媒体分析】☞

PPT课件、图片、视频资料、活动用白纸。

【核心问题分析】☞

核心问题：观看讨论艾滋病相关图片、视频材料，了解艾滋病的历史科学知识、影响和防治方法。

成都市各中小学开展性教育的学校还不多，能进入课堂的学校就更少了，所以我们有必要做这项工作，让学生珍爱生命，远离艾滋病。根据以上分析，本节课提出艾滋病与健康的关系的核心问题，因为健康关系到人们一生的幸福。

（1）用国内外的艾滋病患者的图片、媒体资料营造生动的、有冲击力的、有震撼效果的课堂氛围。

（2）通过纵横两个纬度讨论的方法给出学习任务。

纵：了解艾滋病的发展历史和对各方面的影响。

横：引发师生从社会、经济、生理健康以及心理健康等多层面的共同思考。

怎样尊重、理解和关爱艾滋病病毒携带者和艾滋病人。

学习艾滋病的有关知识及防治方法。

（3）4人团体活动，全班分享、讨论，教师归纳总结。

针对性行为。要洁身自爱，检点行为，性伴侣越多，越容易感染HIV。在性行为中应自觉和正确使用安全套。

避免血液接触感染。提倡无偿献血，但不要到非正规采血单位献血。尽量避免不必要的输血和使用血液制品（如血浆、白蛋白等），不要为了"增加抵抗力"而盲目使用血液制品。有必须接受输血和血液制品时，要使用经过HIV抗体检测为"阴性"的血液及其制品。在接受任何针刺皮肤的医疗操作（如注射、输液、美容、文身等）时，要求使用一次性或经过严格消毒的器械。在处理伤口时，要避免皮肤、眼睛或口腔接触到别人的血液。不用未消毒的器械穿耳、文眉。不要找街头游医拔牙。不与他人共用剃须刀、牙刷等。

远离毒品。严禁吸毒，珍爱生命。吸毒者往往由开始的口吸发展到静脉注射吸毒。静脉注射吸毒时，常常共用针管、针头，如果其中有一个人感染HIV，注射器就会被污染，病毒就会在其他吸毒者中传播。

阻断HIV的母婴传播途径。只有母亲确认自己没有感染上HIV，才能令婴儿免受感染。如果夫妇没有确定彼此是否带有病毒，在决定怀孕前应先进行HIV抗体测试。

对HIV感染者或艾滋病患者应多一分宽容、少一分歧视。

二、教学实施设计

【教学环节】

提出问题：

引入：播放中央电视台有关艾滋病的新闻、视频材料。

（1）什么是艾滋病？

（2）它是怎样发现、发展的？

（3）医学上的研究说明了什么？

（4）艾滋病与社会发展、人类身体健康、心理健康的问题。

解决问题：

（1）HIV 是什么？它是怎样攻击人的机体的？

（2）HIV 的病理机制是怎样的？是怎样传播的？

（3）人类能有效地治疗艾滋病吗？

艾滋病的全称是获得性免疫力缺陷综合征（Acquired Immune Deficiency Syndrome）。生理上，人一旦感染 HIV，人体内的免疫系统便会逐步丧失，各种病毒会乘虚而入，体内原有的一些不正常细胞也会迅速生长繁殖，最终发展成各类恶性肿瘤。经过数年的潜伏期，当感染者发展成艾滋病病人后，健康状况就会迅速恶化，患者身体在承受巨大的痛苦后死于一种或几种疾病。艾滋病的传播途径主要有性接触（性行为）、血液、母婴，目前性行为、血液传播已经成为主要传播途径。据卫生部门统计，之前发现的 HIV 感染者多数为地下卖血者、吸毒人员和卖淫者等高危人群，而近两年艾滋病有从高危人群向普通人群渗透的趋势，也意味着艾滋病已经开始向普通人群传播，而感染上 HIV 的潜伏期最长可以达 8 年之久。大众的防范意识相对薄弱，尤其是在农村，这应引起人们的高度警惕。

反思提升：

通过学习和讨论，用科学的态度对以上问题予以澄清，让学生树立科学的"艾滋观"。

（1）纵：艾滋病的发现、蔓延以及对人类社会的影响。

1981 年全世界发现了首例艾滋病病例，那时人们还没有意识到这种疾病会给人类带来怎样的影响。

20 多年后，艾滋病的传播和流行不仅对人类的健康构成了巨大的威胁，也对经济和社会发展造成了严重的危害。联合国艾滋病规划署和世界卫生组织于 2005 年 11 月 21 日发表的 2005 年度全球艾滋病疫情报告显示，2005 年度全球新增艾滋病病毒感染者 490 万人，艾滋病病毒感染者总人数已达 4 030 万。

报告指出，2005 年以来，全球已有 310 万人死于艾滋病，使自 1981 年以来因感染艾滋病而死亡的总人数达到 2 500 万。据中国疾控中心统计，截至 2018 年年底，我国估计存活艾滋病感染者约 125 万，估计新发感染者每年 8 万例左右。

撒哈拉沙漠以南非洲仍是艾滋病重灾区。世界近三分之二（63%）的艾滋病病毒携带者集中在该地区，患者人数从 2004 年的 2 360 万增至 2006 年的 2 470 万，死亡人数从 190 万增至 210 万。

这个"超级瘟疫"历经几十年已蔓延全球，给人类带来了可怕的灾难。我国的艾滋病流行趋势主要经历了四个阶段：20世纪80年代初是传入型，在外国感染以后到中国来被发现；1989年开始，艾滋病在中国境内局部范围暴发流行；20世纪90年代中期是采献血暴发流行；现在以性行为为主要传播渠道。

（2）横：通过小组活动、全班分享，引起学生对艾滋病与社会政治、经济、文化等关系的关注。

非洲一些国家的政治动荡，如博茨瓦纳、布隆迪、科特迪瓦、肯尼亚、马拉维、卢旺达、乌干达、埃塞俄比亚等，都和艾滋病在这些国家的爆发性流行有关（以性为主要传播途径）。这些国家的经济受到了重创，例如，南非，艾滋病感染率高达30%以上，国家宣布紧急状态，大量的劳动力被感染，国民生活在恐惧的阴影中，南非曾经是非洲最富有的国家（盛产黄金、钻石和大量的稀有金属矿产），现在经济形势却非常严峻。

从心理上讲，感染者一旦知道自己感染了HIV，无异于听到"死刑"的宣判，心理上会产生巨大的精神压力。加之社会上一些人对艾滋病的无知造成对病毒感染者的歧视，使他（她）们在个人的工作、学习、住宿、就医、恋爱、婚姻等方面，容易受到社会的歧视，更增加了HIV感染者的痛苦。另外，许多感染者为了保护自己和家人，往往采取隐瞒病情的做法，导致他们很难得到亲友的关心和照顾，导致个人生活的困难，造成严重的心理创伤。科研表明，高度的心理压力的HIV感染者发病的速度，是只有一般心理压力和获相当帮助感染者的2～3倍。

本课改革传统的教学方式，注重课堂气氛的营造，使学生在情感体验中去观察社会现象。使学生掌握医学科学知识，升华出社会责任感、道德感。

【评价预设】☞

在艾滋病传播途径上，用拨洋葱的方式给学生警示，在所有的途径中，性行为是主要途径，危害最大，难以防控。

【板书设计】☞

一、艾滋病的发现及现状
二、什么是艾滋病？
——获得性免疫力缺陷综合征（Acquired Immune Deficiency Syndrome）
1. HIV是什么？它是怎样攻击人的机体的？（投影医学科学的解释）
2. HIV的病理机制是怎样的？是怎样传播的？（投影医学科学的解释）
3. 人类能有效地治疗艾滋病吗？怎样防治？（科学解释、讨论，归纳出方法）
三、艾滋病与社会
1. 艾滋病与政治：
2. 艾滋病与经济：
3. 艾滋病与文化图示：
4. 建立对艾滋病病毒感染者和患者的社会支持系统：
四、做一个积极的艾滋病宣传员
五、一句话分享

【教学流程】☞

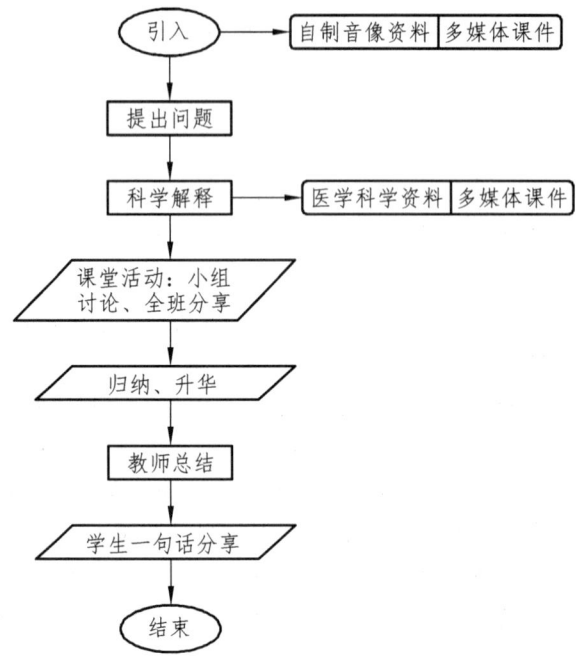

三、教学评价反馈

缺少性教育的教育是不完整的，在东方传统的文化背景下，家长、学校羞于谈性，回避谈性。通过本次授课也发现，虽然学生已是高中生，但在性方面的知识还是非常匮乏的，未来有必要设计性教育相关的系列课程，以帮助学生了解性知识，树立健康的价值观。

【自我评价】☞

核心问题教学评价表

评价目标	评价指标				评价结果
	一级指标	二级指标	三级指标		
实现活动体验中的学习与发展	具有核心问题的教学形态	核心问题利于活动体验	内含学科问题和学生活动方式	7	每项指标最高评8分，合计90分。
			问题情境与真实生活密切相关	7	
			能引发新知识、新方法的生成	8	
		教学目标价值引导恰当	两类目标正确全面	7	
			关联体验目标恰当	7	
			目标价值引导显现	7	

续表

评价目标	评价指标			评价结果
	一级指标	二级指标	三级指标	
实现活动体验中的学习与发展	具有核心问题的教学形态	教学环节完整合理落实	教学环节清晰完整	8
			环节内容合理充实	8
			学生活动时间充分	7
		教学要素相互匹配促进	问题目标环节两两匹配	8
			技术促进活动形式内容	8
			学科特点突出氛围浓郁	8
	具有核心问题的教学实质	拓展学习视野	课堂与现实世界有恰当关联	选择一个表现突出的二级指标，在相应三级指标引导下，以现场学生表现为依据，于本表的第二页写出150字以上的简要评价。
			有基于缄默知识的问题解决	
			有缄默知识运用的追踪剖析	
		投入实践活动	有真实而且完整的实践活动	
			能够全身心地浸渍于活动中	
			活动的内容结果均丰富深入	
		感受意义关联	有核心问题的深层意义感受	
			有以知识为中心的关联感受	
			有以个人为中心的关联感受	
		自觉反思体验	有实质性反思活动的开展	
			有课堂新因素的追踪利用	
			有体验的交流与改善重构	
		乐于对话分享	乐于自我的表达与认真的倾听	
			乐于合作中成果与思路的分享	
			有宽容的对话氛围和多向交流	
		认同体验评价	认可体验评价	
			参与体验评价	
			利用体验评价	

核心问题教学实质的简要评价（包括发展性建议）：

本课程在"拓展学习视野"上的意义和价值突出。

首先，课程主题"艾滋病"本身就是当下社会、政府紧密关注的问题。而高中阶段的学生处于青春期，本身就对性有着好奇和冲动。在这个时期，给学生进行性教育是非常重要且必要的。

其次，课程中通过呈现艾滋病的相关资料、数据，引导学生深入思考艾滋病对个人、社会、国家的影响。并通过对传播途径的分析，引导学生归纳出如何有效降低艾滋病的传染，并就如何保护个人免受艾滋病病毒感染提出解决的方法。

语言的力量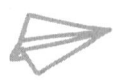

心理组　吴林桦

一、教学分析设计

【教材分析】☞

根据教育部印发的《中小学心理健康教育指导纲要（2012年修订）》，人际交往是心理健康教育中非常重要的一部分。纲要中指出："高中年级的心理教育内容应包括：正确认识自己的人际关系状况，培养人际沟通能力，促进人际间的积极情感反应和体验。"

人际交往是个体社会化的重要能力，对一个人适应社会有着重要的影响。而语言作为人际交往当中重要的沟通载体，决定了交往的质量和长度。

【学生分析】☞

高中学生处于青春期发展阶段，这一阶段，是个体逐渐从原生家庭分化成为独立个体的过程。在这个过程当中，同伴之间的友情成为一种独特而重要的存在。同伴成为青少年社会支持系统中一个重要的部分，如果这个部分功能较好，可以为青少年提供强有力的支持，帮助其克服成长过程中的各种挫折、困难。但如果这个部分建立得不好，青少年会感到孤独，损害心理健康。如果人际关系出现极端的负性功能，比如孤立、校园欺凌，甚至会给当事人造成身体的伤害和心理的创伤。

最近几年，国内外校园欺凌的新闻频频见诸报端，引发社会大众、相关部门对这一现象的高度关注。也凸显出这一类校园问题的严重性。所以早预防、早干预显得极其重要。

通过我校心理中心的心理信箱的来信，以及寻求咨询的学生反馈，我发现我校学生中也不乏校园欺凌的存在。当事人以高年级学生为主，且欺凌的形式以谣言、诽谤、孤立为主，语言成为施暴者攻击的主要武器。对于施暴者来说，虽然他/她做出了伤害对方的言行，但是通常其不能意识到这些言行对对方的伤害有多严重，施暴者缺乏对他人的同理心。

针对这一现象，心理组认为在低年级时，应对学生进行正确的引导，让学生看到语言的力量，增强其同理心，从而减少有意无意对他人的言语中伤。同时使学生学会善用语言，用语言为朋友和自己赋能，让彼此成为更好的自己。

【目标分析】☞

1. 结果性目标

（1）理解语言是表达、沟通最直接有效的工具。

（2）感受到语言的力量非常强大，且是把双刃剑，正面使用可以让人更好，负面使用会给一个人带来伤害。

（3）提升学生的同理心，理性、勇敢面对自己或他人的人际冲突事件。

2. 体验性目标

在游戏和植物实验中，体验语言与人际关系的关联。

【媒体分析】☞

媒体名称	功能
黑板	板书关键词，强化要点，方便学生记录
纸板	撰写游戏表演的成语
多媒体	播放PPT、视频

【核心问题分析】☞

核心问题：观看语言对植物影响的实验和真人综艺节目故事《40天的赞美改变一个人的颜值》，探究语言对一个人外貌、行为、心理的影响。

二、教学实施设计

【教学环节】☞

（1）提出问题。

衔接上节课《人际关系的重要性》的内容，上节课让学生用树来代表自己入校以来交到的朋友。有的学生交到了很多朋友，画了非常多的树。而这节课，我们来思考如何让一棵树长得更好。

利用现实生活中，心理办公室门口的绿植同其他办公室绿植图片的比较，让学生猜测哪一盆是心理办公室门口的绿植，并推测该绿植长势更好的原因。

通过植物的生长，隐喻人的成长。首先讨论植物而不是人，降低学生的心理防御，能够使他们更开放、坦诚地参与思考和讨论。

（2）解决问题。

教师先暂时不告知学生问题的答案，引导学生进入活动体验环节，引入游戏："成语比画接龙"。

① 成语比画接龙游戏。

小组成员全体向后转，直到背后的同学拍打自己的肩膀才能转过来。第一位学生看到教师展示的成语后，拍打第二位学生的肩膀，待其转过来后，通过肢体表演、面部表情去表现这个成语（整个过程不能说话）。第二位学生看了之后，再将自己的理解传递给下一个学生。最后一个学生写出猜测的答案。

请两组学生分别表演"开门见山""将心比心"两个成语，游戏完成后，引导学生思考：为什么会出现传递的偏差？

引入课程主题，本次课程的核心词语："语言的力量"。

②观看阿联酋校园的植物实验视频。

该视频是阿联酋某校园的师生发起的一项行为实验，展示了同时从同一个地方购买的两盆一模一样的绿植，其中一盆每天收到人们的指责、批评，另外一盆则是收到鼓励、称赞。经过了一个月以后，被鼓励的绿植生机勃勃，而被指责的绿植则奄奄一息。

通过视频让学生真切地感受到语言的力量在植物上的体现。

③教师分享日本综艺节目故事《40天的赞美改变一个人的颜值》。

该节目讲述了一个自卑、社交回避的女性，在经过了40天专业团队的赞美之后，逐渐卸下口罩，改变自己的过程。引导学生在观看的过程中，觉察女主角有哪些变化。让学生思考、讨论语言对一个人外貌、行为、心理的影响。

（3）反思提升。

通过最近热播的电影《少年的你》，引入校园中的伤害。引导学生反思，在校园里面，有哪些形式其实是对一个人的伤害。

教师分享心理学家萨尔米瓦利（Salmivalli）对校园欺凌中的形式、角色的定义，引导学生理解作为群体的一部分，每个人的态度、行为都参与在群体的互动之中，并思考自己的角色是什么（见图1）。

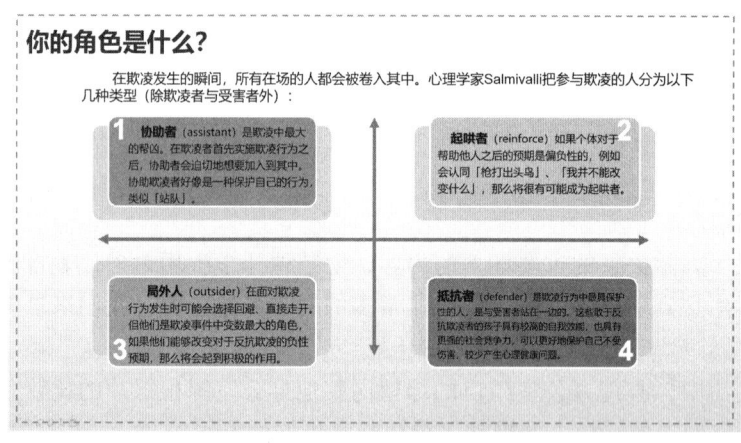

图1 校园欺凌中的其他角色类型

（4）运用反馈。

分享心理信箱中学生对这一现象的评价和看法，引导学生看到语言对他人的影响，以及独立思考、理性判断的重要性。鼓励学生好好运用语言的力量，做有益无害的事情，用语言为他人和自己赋能。

【评价预设】☞

（1）课堂中学生评价预设：

① 提出问题部分，学生猜测心理办公室门口的花长得更好的原因，可能会从光线、水分、肥料等植物生长基本要素考虑。评价中引导学生思考：成长除了生物生理部分的养分外，还有其他层面的养分吗？

② 学生思考语言是否有力量，体现在哪里。通常学生比较容易思考出指责性的语言的负向作用。而对于语言的正面的作用，则会比较难想到。这也反映出学生平常接受的评价的性质类型。

③ 对于校园欺凌的形式的讨论，学生通常更容易想到的是肢体、言语等可见形式的攻击，而容易忽视冷暴力、孤立这类无形的攻击。

（2）课堂教学完成后的教学评价预设：由于心理课程的特殊性，课程效果主要体现在对学生情感、认知、行为等心理特征上的影响，较难通过可视化的形式进行评估。但是可以通过对学生自然观察、心理信箱来信反馈、心理中心官方 QQ 好友中学生的日常动态，了解到课程对学生的影响。例如，某班上过本课程后，给自己班级的绿植贴上"求夸奖"的小卡片，对植物尚且如此，何况对同学。

【板书设计】☞

教学内容使用 PPT 进行投放，课程内容无须板书。对于学生回答的关键词进行板书梳理。

【教学流程】☞

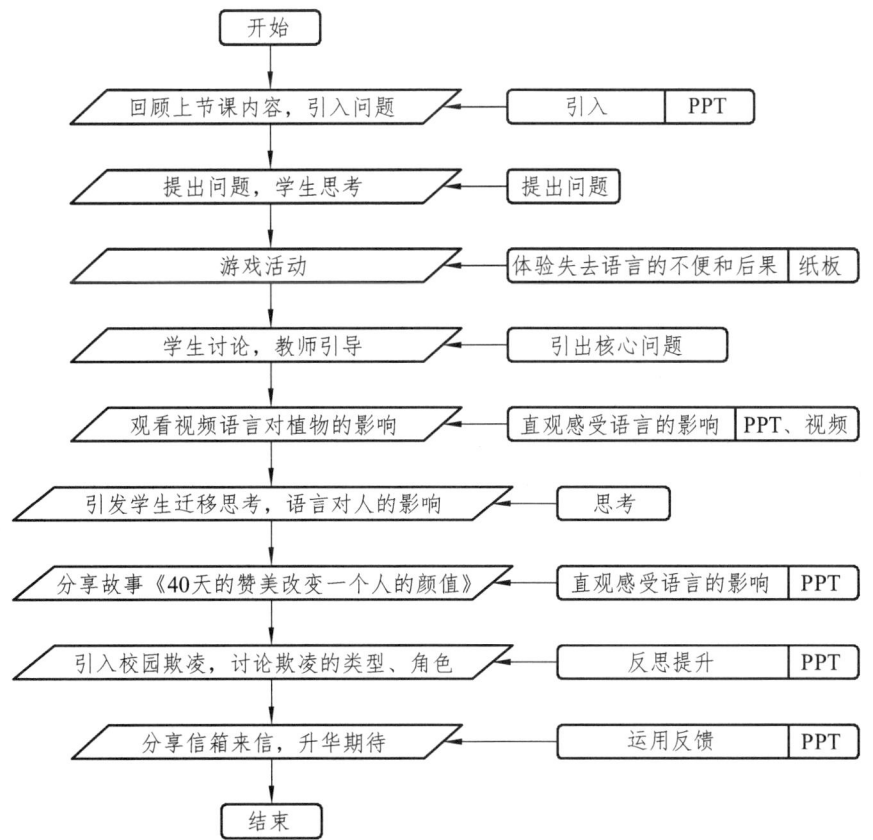

三、教学评价反馈

【信息搜集】☞

通过对学生自然观察、心理信箱来信反馈、心理中心官方 QQ 好友中学生的日常动态，了解到课程对学生的影响。例如，某班上过本课程后，给自己班级的绿植贴上“求夸奖”的小卡片（见图 2）；心理信箱来信，学生对班上存在的孤立现象发表的自己的见解（见图 3）。

图 2　班级绿植贴上夸奖的卡片

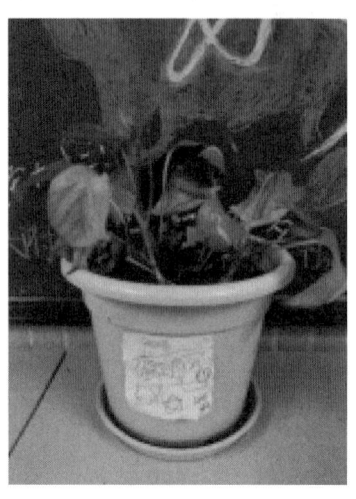

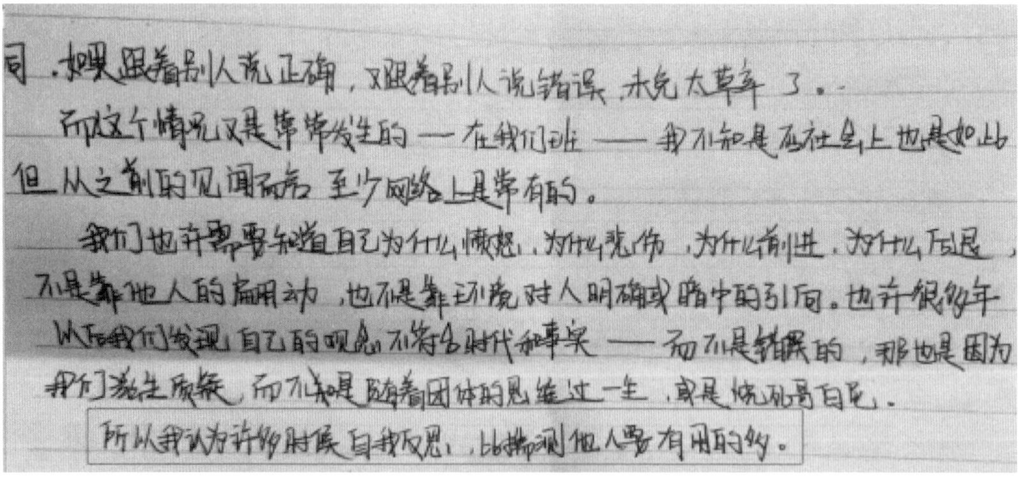

同，如果跟着别人说正确，又跟着别人说错误，未免太草率了。

而这个情况又是常常发生的——在我们班——我不知是否社会上也是如此，但从之前的见闻而言，至少网络上是常有的。

我们也许需要知道自己为什么愤怒，为什么悲伤，为什么前进，为什么后退，不是靠他人的煽动，也不是靠环境对人明确或暗中的引向。也许很多年以后我们发现，自己的观点不符合时代和事实——而不是错误的，那也是因为我们发生质疑，而不是随着团体的思维过一生，或是忘了自己。

所以我认为许多时候自我反思，比谴责他人要有用的多。

图 3　心理信箱来信（分享已取得写信人同意）

【自我评价】 ☞

核心问题教学评价表

评价目标	评价指标				评价结果
	一级指标	二级指标	三级指标		
实现活动体验中的学习与发展	具有核心问题的教学形态	核心问题利于活动体验	内含学科问题和学生活动方式	8	每项指标最高评8分，合计92分。
			问题情境与真实生活密切相关	8	
			能引发新知识、新方法的生成	8	
		教学目标价值引导恰当	两类目标正确全面	8	
			关联体验目标恰当	8	
			目标价值引导显现	7	
		教学环节完整合理落实	教学环节清晰完整	7	
			环节内容合理充实	8	
			学生活动时间充分	8	
		教学要素相互匹配促进	问题目标环节两两匹配	7	
			技术促进活动形式内容	7	
			学科特点突出氛围浓郁	8	
	具有核心问题的教学实质	拓展学习视野	课堂与现实世界有恰当关联		选择一个表现突出的二级指标，在相应三级指标引导下，以现场学生表现为依据，于本表的第二页写出150字以上的简要评价。
			有基于缄默知识的问题解决		
			有缄默知识运用的追踪剖析		
		投入实践活动	有真实而且完整的实践活动		
			能够全身心地浸渍于活动中		
			活动的内容结果均丰富深入		
		感受意义关联	有核心问题的深层意义感受		
			有以知识为中心的关联感受		
			有以个人为中心的关联感受		
		自觉反思体验	有实质性反思活动的开展		
			有课堂新因素的追踪利用		
			有体验的交流与改善重构		
		乐于对话分享	乐于自我表达与认真倾听		
			乐于合作中成果与思路的分享		
			有宽容的对话氛围和多向交流		
		认同体验评价	认可体验评价		
			参与体验评价		
			利用体验评价		

核心问题教学实质的简要评价（包括发展性建议）：

人际交往与学生的生活密切相连，学生处于人际关系当中，也受到人际关系对自己情绪的影响。并且，对于青少年来说，人际关系逐渐成为有别于家庭关系的重要支持。本次课程与学生现实世界关联度高，贴合学生日常生活。

而本次课程通过游戏活动、观察实验等方式，先抛出问题，从问题引入，让学生逐渐思考、解决问题，从而发现答案：原来这些都是"语言的力量"带来的结果。让学生内心深度体验、理解到语言对人的影响力，提升对他人痛苦、伤心的同理心。

课程后半部分上升到理论层面，让学生从心理理论中去了解欺凌的形式、角色。最后再回归到生活中，当我们遇到或见到同类事情的时候，我们应该做出什么样的选择？引发学生将课程所学迁移到未来生活当中。

【反馈调整】☞

（1）由于游戏的活动性质，比较容易激发学生极大的兴趣，调动学生的积极性和情绪，因此本节课对课堂的纪律把控要求较高。在活动开始前，先讲明规则，并与学生约定好遵守规则后再开始活动。有了承诺之后，学生会更加有意识地注意自己的言行，从而保证课堂秩序。

（2）本次课程重在感受，意在引发学生对校园欺凌的思考。课程其实最后把如何应对作为思考，留给学生。设计让课程留有余音，但是教师却不能了解到学生的思考内容。未来可以考虑设计开放问卷，布置小作业，搜集学生对这个问题后续的思考。